贵州省教育厅人文社科项目："微时代"贵州地方高校思政课微交往

刘秉亚◎著

"微时代"
高校思想政治教育创新研究

西南交通大学出版社
·成都·

图书在版编目（ＣＩＰ）数据

"微时代"高校思想政治教育创新研究 / 刘秉亚著.
—成都：西南交通大学出版社，2017.8
ISBN 978-7-5643-5637-8

Ⅰ. ①微… Ⅱ. ①刘… Ⅲ. ①高等学校 – 思想政治教育 – 研究 – 中国 Ⅳ. ①G641

中国版本图书馆 CIP 数据核字（2017）第 182494 号

"微时代"高校思想政治教育创新研究

刘秉亚　著

责 任 编 辑	祁素玲
特 邀 编 辑	韩琴英
封 面 设 计	严春艳
出 版 发 行	西南交通大学出版社 （四川省成都市二环路北一段 111 号 西南交通大学创新大厦 21 楼）
发 行 部 电 话	028-87600564　028-87600533
邮 政 编 码	610031
网　　　址	http://www.xnjdcbs.com
印　　　刷	四川煤田地质制图印刷厂
成 品 尺 寸	165 mm×230 mm
印　　　张	11.25
字　　　数	205 千
版　　　次	2017 年 8 月第 1 版
印　　　次	2017 年 8 月第 1 次
书　　　号	ISBN 978-7-5643-5637-8
定　　　价	56.00 元

前言 // *Preface*

　　进入 21 世纪，科技带给人类的进步有目共睹，互联网的发展和移动网络的建立改变着人类的生存方式，手机已经成为人们生活中信息传递和人际交往的工具，也不断催生着各类软件和网站的开发，各种微媒介顺应时代的召唤应运而生。自 2009 年新浪微博开通之后，这个独特的新生事物就成为中国网民的福音，大家欢欣鼓舞地接纳并传播它，其迅猛之势不可估量，象牙塔更是它最喜欢的地方。许多高校大学生纷纷注册微博，刷微博正在改变高校学生的生活模式，无论是覆盖率还是活跃度都超越以往的传统媒体。2011 年腾讯推出即时通讯的应用程序——"微信"，其公众平台、朋友圈、消息推送、摇一摇、附近的人、扫二维码等功能冲击人们的认知，改变了人们的生活习惯。之后，各种以"微"字冠头的新媒体就像雨后春笋般涌现。各种"微"媒介自诞生之日起就广受大众的追捧和喜爱，其低门槛和便捷性吸引了大批追随者和使用者，人们逐步走进话语狂欢的时代——"微时代"。

　　"微时代"以微博、微信的开发为代表，促进了网络社交的迅猛发展，使信息共享越来越便捷。高校思想政治教育是学校党建工作的重要组成部分，是大学生健康成长的重要环节，是培养中国特色社会主义事业接班人的根本保障。"微时代"已经逐步走进网络大众的生活，影响着每个人的思维习惯和表达方式，为大学生提供更为快捷的信息获取和交流的通道，同时也是思想政治教育亟待解决的重要课题。它既可以成为思想政治教育快速发展的"伟"时代，也会使思想政治教育沦为难以控制的"危"时代。"微时代"就像一把双刃剑，思想政治教育需要认真分析它所带来的影响，在开展思想政治教育活动中尽量避免消极的作用，规避不利的影响，促进积极的作用，推动思想政治教育朝健康向上的方向发展。"微时代"悄然改变网络大众的生活方式和思维习惯,思想政治教育面临严峻的挑战,结合中国互联网络信息中心发布的系列报告和高校思想政治教育的实际,创新思想政治教育路径已经成为当务之急。大学生具有接受新鲜事物快、彰显个性自由、民主意识日益增强等特点,是"微时代"最直接的受益者、体验者和传播者。思想政治教育应该随着时代的进步而不断调整自身,由传统的自上而下单线灌输教育过程转变为教育主客体之间双向传播的互动过程,充分利用微媒介发展的契机,改变思想政治教育的信息传播方式,为高校思想政治教育开辟新途径,提升高校思想政治教育的效果。教育者需要转变教育理念,学生需要提升媒介素养,学校需要加强监督管理,思想政治教育需要创新发展模式,使高校思想政治教育在新形势下得到更好的发展。

中国互联网的发展令人惊叹,短短20多年的时间已经经历信息共享、信息共建、知识传承、知识分配等阶段,人类对交往速度和方式的巨大需求是互联网不断发展更新的催化剂,手机网络通讯设备则是"微时代"空前发展的助推器。互联网的迅猛发展造就信息的极大繁荣,人们几乎每天都被海量信息所湮没,因此,短小精炼的信息深受网民的欢迎,"微时代"已潜移默化地改变了我们的生活方式、社交关系和思维模式。微媒介已经成为大学生生活中必不可少的工具,部分大学生沉迷其中不可自拔,网络中多元文化相互交织,复杂多变的社会环境都影响着高校思想政治教育,大学生应该有目的地提高安全防范意识、信息媒介素养、文化自觉意识、自我调控素质、自我教育意识等,共同努力构建丰富多彩的校园文化。大学生思想政治教育面临着开阔认知视野、拓宽交往空间、乐于抒发情绪的机遇与过度依赖手机、造成认识偏差、降低信息主导的挑战。因此,高校思想政治教育应该创新教学载体,善用"微"宣传话语,开展"微"网络活动,实现思想政治教育的与时俱进。新时期,高校思想政治教育的教育主体、教育客体、教育介体、教育环境都产生了较大的变化,面对新的形势与任务,思想政治教育需要进行开拓创新,适应现代社会的发展和现代人的发展需要,加强思想政治教育的渗透力和影响力。思想政治教育者应从创新"微"话语，搭建"微"平台，培养"微"意识，建立"微"队伍，加强"微"管理等方面着手，把握时代发展的机遇，开创思想政治教育工作的新局面。

思想政治教育从思维到认识，从内容到渠道，从平台到管理，都亟待实现与微媒介的深度融合，积极探索可持续发展之路。网络安全对思想政治教育牵一发而动全身，网络安全具有很强的隐蔽性，威胁来源和攻击手段不断更新变化，必须重视网络安全建设。微媒介对大学生的求知途径、思维方式、价值观念产生重要影响，大学生思想动态和价值观念的转变也可以通过微媒介看出端倪，思想政治教育工作者要善于运用网络了解大学生的真实内心，积极回应他们关心和疑惑的问题，对错误看法及时引导和纠正，真正做到"从群众中来，到群众中去"，高扬社会主义核心价值观的主旋律，为大学生营造一个风清气正的网络空间。传播大师麦克卢汉曾说过："媒介是一种使事情所以然的动因，而不是使人知其然的动因。"[1]每一种新媒体的产生必然导致新时代的来临，以微博、微信为代表的"微时代"就此接近我们，受到众多大学生的追捧，潜移默化地改变着大学生的生活和行为。微媒介因其信息便捷、快速、精炼等特征吸引了大批追随者和使用者，思想政治教育的舆论阵地随之改变，这对思想政治教育来说，既是机遇也是挑战。我国处于社会转型时期，多样化的价值观并存的现状给高校思想政治工作提出了新的要求，跟随"微时代"的潮流势在必行。我们需要抓住"微时代"的特点，针对高校思想政治工作中存在的问题，找到切实可行的对策，构建"微时代"思想政治教育的新模式，打开思想政治教育的新局面，坚持社会主义核心价值体系，要树立"微意识"，采取"微行动"，搭建思想政治教育平台，改进思想政治教育方法，丰富思想政治教育内容，净化思想政治教育环境，建立平等、自由、民主、和谐的对话模式，把思想政治教育由课堂走向课下，由网外带到网内，由单一引为双向，

---

[1] 马歇尔·麦克卢汉，何道宽译：《理解媒介：论人的延伸》，译林出版社 2011 年版，第 82 页。

由枯燥变成多彩，真正提高思想政治教育的有效性，实现中华民族伟大复兴的中国梦。

  本书得益于作者申请的贵州省教育厅人文社会科学思政课项目——"微时代"贵州地方高校思政课微交往研究，在之前的课题和发表论文的基础上，查阅了大量的文献资料，借助中国互联网络信息中心、新浪微博、中国高校传媒联盟等调查中心和企业发布的一系列数据，经过进一步思考、加工和编辑，最终形成《"微时代"高校思想政治教育创新研究》一书。本书共有七章内容，其中第一章是问题的提出，简要介绍微媒介的发展历程和高校思想政治教育的转变；第二章至第四章为一个板块，是对微媒介的主要代表（微博、微信）在思想政治教育中的发展情况、影响作用进行双重分析；第五章至第七章分别从思想政治受教育者、思想政治教育工作者、学校与社会三个层面对"微时代"创新高校思想政治教育工作新局面提出意见和设想。希望本书在这个领域的探索，能够为思想政治教育工作贡献绵薄之力。

编 者

2017 年 2 月于河南许昌

目录 // *Contents*

第一章
微媒介：开启高校思想政治教育的新局面

当今时代最显著的特征就是发展变化，移动网络成为继广播、报刊、电视、互联网之后名副其实的第五大媒体，甚至大有超越之势，成为人们日常生活和工作中不可或缺的工具，是 21 世纪不可逆转的潮流和标志。网民可以通过自媒体在一定的伦理和法律范围内畅所欲言，表达自己的内心看法；企业可以通过新媒体了解用户的全面信息，随时更新理念和战略；政府可以通过网络及时和广泛地掌握民情民意，制定合理的政策和方针；教师可以通过网络教学平台接受前沿的理论和教学方法，提高自身的素养和学识；学生可以通过各种媒体获取广泛的资源，自由选择感兴趣的信息，学习各种知识……总之，互联网已经成为人们极为依赖的工具，极大地拓宽了人们的认知范围，植根于社会经济、政治、文化、生活等方方面面。

第一节 人类迈入"微时代"

一、"微时代"的内涵

对于"微时代"的概念和内涵的界定，学者们从不同的视角和学科背景出发提出了不同的见解，虽然目前还没有统一的阐述，但在学术界还是出现了部分有影响力的观点。

武汉大学杨威教授认为："微时代"已经不再是一个简单的技术术语，而是一个蕴涵着文化传播、人际交往、社会心理、生活方式等多种复杂语义的时代命题。"微时代"改变了人们传统的信息交流方式、人际沟通方式、文化表达方式、社会行动方式，向我们呈现的"微文化"是各种不同类型的亚文化。从量的方面而言，"微民"建构着"微文化"，这个群体的规模决定着"微文化"辐射的广度;从质的方面而言,"微文化"的性质与主流文化有融合、平行和背离三种关系。同时,"微时代"人们的信息交流方式充满着情绪性色彩,从而增加了信息传播的不确定性和不稳定性。"微时代"既是一个个体狂欢的时代,同时也是一个空前寂寞的时代,人们在微博里的絮絮叨叨,折射出"微时代"人们精神世界的孤独。这种孤独,从某种意义上体现了人们对高质量精神生活的巨大渴求。"微时代"人们的交往需求进一步强化。个体在微博上的独语,总是期望和预设着他者的回应,表明了被网络联结的同时也被网络隔离的个体对人际交往的深层需求。①

浙江大学林群对"微时代"的界定为:"微时代"是以信息的数字化技术为基础,使用数字通信技术,运用音频、视频、文字、图像等多种方式,通过新型的、移动便捷的显示终端,进行以实时、互动、高效为主要特征的传播活动的新的传播时代。进入"微时代",各类移动便携的终端将大行其道,他们的体积将大大缩小,屏幕等信息展示框的面积将相应变小。信息接收或发送设备的体积将在一定程度上重新塑造受众的时空观。移动终端使得人类的传播更加流动,也将人们的传播时间分割得更加琐碎,人们会选择无聊与零散的时间来进行信息的传播或接收活动。对于接受者而言,接收信息、消化信息的时间非常有限,而信息内容与数量却异常丰富。这就要求信息生产者提供具有高黏度、冲击力巨大、可以在极短时间内吸引受众并提高受众阅读兴趣的内容。每一个手持移动终端的个体都是一个传播节点,相比之前,人们进行传播活动更加便捷、高效、平民化。微时代使得人人在对话中实现决策参与,成为传播活动的主体,使得传播的长尾效果更加明显。②

西南大学周琪、罗川认为,"微时代"是以微信息、微媒介、微社区为主要形态的新网络空间。它以手机、掌上电脑等现代电子设备为依托,在网络系统中塑造"微支付""微创造""微阅读"等个人生活体验方式和思维方式。"微时代"个体的生活世界首先呈现为个体性,个体的生活轨迹、情感世界、价值观念等通过微博、微信等"独语"呈现给大众,个体可以自主发表言论陈述对自身及社会问题的见解与态度,追求与众不同的生活方式和个性特质。同时,"微时代"个体的交往需求进一步强化,个体在微博、微信上的言论不仅是价值观、生活态度的自我流露,也期待得到他人的回应和关注,对与自

---

① 杨威:《"微时"代中思想政治工作如何突破》,《思想政治工作研究》,2010(4)。
② 林群:《理性面对传播的"微时代"》,《思想政治工作研究》,2010(3)。

己相一致的价值观念尤为期待，表明网络生活中个体的个性超越了自身范围，渴望得到认同。①

华东理工大学任福兵博士认为，作为网络时代的新阶段，"微时代"是以信息技术为基础，以短小精练的微博、微信、微事件、微电台等自媒体作为媒介，综合运用音频、视频、文字、图像等，进行实时互动传播交流的信息时代，微博的出现成为微时代到来的标志。"微时代"，人们通过网络论坛、新闻跟帖、微博、微信等表达自己对社会的意见、观点，其微语言、微行为、微传播及其微影响体现了主体独立性、内容即时开放性、影响深度互交性等特征。网民独立地以微形态和微行动呈现自我，以有效方式表现自身潜力，通过诉说获得认可和尊重。他们独立进行原创性生产、报道新闻事件、讨论社会事件，使得网络成为公民自我表达的场所，利用网络交流平台和自媒体的传播优势与功能，独立构建微型新闻媒体，从信息受众转变为信息播客，获得精英手中的传播话语权，颠覆了原有信息传播模式。②

中南政法大学成晓丽认为，"微时代"是指以微博为传播媒介，以短小精悍作为文化传播特征的时代。微传播是以微博为媒介的信息传播方式。以微博为媒介的微传播，是去中心化的裂变式多级传播模式，传播碎片化信息，借以实现自我表达、交往需求与社会认知。新鲜的传播渠道，改变了信息的传播方式。全民参与微传播造就了全民传媒时代。在微传播中，每个人都是自媒体，是信息的生产者和消费者。它与其他传播方式最大的区别就在于其草根性和自媒体性，任何人都可以通过这种方式来表达自己，呈现自己，任何人都可以充当信息的传递者。微传播正以不可阻挡之势发展，人们的微语言和微行为之间产生了相互的细微影响。③

厦门大学的沈培辉提出：互联网数字技术、手机 3 G 技术得到进一步发展，以微博客、微信等新兴媒介为代表，人类的传播活动进入了全新的传播"微时代"。"微时代"是新兴网络媒体变革与创新的产物，它以数字化技术为基础，运用视频、音频、文字、图像等多种方式进行更加广泛和快捷的信息传播。以微博、QQ、微信、人人网、豆瓣以及 Twitter、Facebook 等为代表的

---

① 周琪，罗川：《"微时代"下大学生价值观教育面临的挑战及应对》，《思想教育研究》，2014（1）。

② 任福兵：《微时代浅阅读对网络信息危机生成的影响机制》，《情报理论与实践》，2013（4）。

③ 成晓丽：《微时代微传播的特征及影响》，《青年记者》，2012（6）。

微传播媒介，具有内容短小精悍，传播速度迅速，传播者更加多元，交互性更强等特点，它们不仅可以在互联网终端使用，而且可以通过手机平台进行更为广泛和便捷的运用，实现更加实时、互动、高效的传播，并使人类传播活动的范围得到进一步拓展，突破时空的限制。①

杭州电子科技大学的吴小英指出：2009 年，中国也随着随心微博、腾讯滔滔、Follow5、新浪微博、微博品品米等产品的出现而引发微博热潮，微阅读、微表达、微语录流行，进而将整个网络传播带入"微时代"。3G 技术的发展把人从电脑旁解放出来，手机成为可以随身携带的"口袋"终端，网络如影随形，随时随地发布信息成为可能。信息的力量在于流动，随着信息从区域传播演化为全球流动，传播速度越来越快，传播内容越来越广，其影响力与驱动力也与日俱增。微时代，网络传媒成为最快最广的信息来源，人们的注意力几乎被网络控制了，无论看或不看，网络上都会自动跳出社会机构和个人发布的各种各样的信息，控制着你对外界形势、事件等的判断和认知。②

温州大学杨立淮和徐百成认为，"微时代"是包含一定的社会形态、生活方式、文化底蕴、人际交往、行为习惯等复杂语义的时代主题。"微时代"是一个"内容为王"的时代，丰富多样的信息和公共议题吸引着大学生群体的眼球，充斥着微博空间。微博既是私人话语的展示空间，又是公共舆论信息传播的平台。微博用户通过微博获取信息，也会针对不同的信息内容和主题，形成自己的评论性见解和观点，并把它及时传到微博上。这些带有评论性的信息，经过整合、发展，最终汇集成为网络舆论。在微博上，具有不同价值观、精神信仰、生活方式的个体，通过即时信息与其他个体进行信息交换和传递。在传播过程中，每一个体都是一个信息中心，每一条信息都可能引发共振和向中心聚集的效应，即具有相同或相似的价值观和行为方式的学生群体可能进行聚集，最终演化为群体行为和共同行动。③

综上所述，在"微时代"的概念中，学者们的界定处在动态发展过程中，虽然有一定的分歧和差异，但也有许多共识和相通之处。随着网络技术、移

---

① 沈培辉：《微时代下大学生思想政治教育工作研究——基于传播学视角的思考》，《高校辅导员学刊》，2013（8）。
② 吴小英：《微时代视阈中高校网络德育困境及对策》，《学校党建与思想教育》，2011（11）。
③ 杨立淮，徐百成：《"微时代"下大学生思想政治教育的应对》，《中国青年研究》，2011（3）。

动通讯技术的蓬勃发展催生更多"微"媒介的产生，而移动网络的发展壮大加快了各种"微"媒介传播和使用的步伐。"微时代"除了拥有书籍、杂志、报纸、广播、计算机、电视机、录像机、电话机、传真机、照相机等传统媒介的优点，是各种传统媒介性能的综合体；还因短小、精炼的主要特点最大范围、最方便快捷、最省钱省力地传播各类信息；运用音频、视频、文字、图像等手段"交互式"地进行网络传播，既不同于"点对点"的人际传播，也区别于"点对面"的大众传播，是一种伟大的尝试和创造。"微时代"的主要代表有大众所熟知的微博、微信、微文学、微电影、微公益等等以"微"字冠头的传播载体，而本文立足于开创"微时代"局面的微博和处于鼎盛时期的"微信"，以其为主要研究对象，试图探讨高校大学生思想政治教育受到的影响。

二、"微时代"的特征

中国"微时代"的开创源于微博的兴起和发展，信息传播的速度越来越快，传播的内容越来越精炼，感情交流的方式越来越简单，信息的数量越来越庞大，阅读的范围越来越广泛，信息读取的时间越来越有限，产生信息的来源越来越多样，影响社会的事件越来越细微。从传播的过程来看，"微时代"大致有内容碎片化、传播瞬时性、终端"迷你性"、主体大众化、信息海量化、交流隐蔽性、沟通交互性等特征。

1. 终端"迷你性"

根据中国互联网络信息中心 2017 年 1 月发布的《第 39 次中国互联网络发展状况统计报告》（下文简称《报告》）显示，截至 2016 年 12 月，我国手机网民规模达 6.95 亿人次，增长率连续 3 年超过 10%。台式电脑、笔记本电脑的使用率均出现下降，分别为 60.1%和 36.8%，手机正在不断挤占其他个人上网设备的使用。进入"微时代"，人类对移动设备的小巧便捷性要求越来越高，各种轻便的移动终端在不断推陈出新，特别是手机和 4G 网络已经基本实现人们日常生活所需，大型的终端在逐渐减少，大多留存在公共场合，平板和手机备受人们的青睐，能够在极短的时间内最大限度地获取信息，满足随身携带、随时查看的需求，使人们拥有更多的自由选择。

2. 内容碎片化

由于移动终端的"迷你性"，人们随时随地可以接收和查看各种信息。现在的社会充斥着快节奏,到处都是人们忙碌的背影,再加上世界发展日新月异,如若不追随社会的变化将会很快被社会所抛弃,"低头族"应运而生。但是,信息的繁杂和庞大,促使人们需要仔细分类和甄别,而这些大多在日常生活中的闲暇时间来完成,导致信息的阅读和传播都比较零散,时间分割更加琐碎,人们头脑中的观念、社会关系都被瓦解为一个个零散的内容和群体。首先,网络技术的广泛运用,每个个体都可以成为信息的生产者和制造者,个性开始彰显,自我意识开始凸显,不需要长篇大论地发表意见,只需只言片语就可能成为网络的焦点。其次,碎片化的传播区分不同消费群体,因阶层的不同,生活方式相近、态度观念相似的群体更容易聚合在一起,群体再次进行细分为大量的小集体,带来"信息茧房"效应,这样就极大地弱化了传统的权威,产生许多偏激的思想。最后,这种碎片化表现在绝大多数人阅读上,无论是时间上的碎片化还是信息内容上的碎片化,都迎合了大众的阅读习惯,看似每天获取了丰富的信息,但留在脑海中的有效信息却寥寥无几。

3. 传播瞬时性

传播的瞬时性主要归功于第四代移动通信技术的成熟和普遍应用,它能够快速传输数据,高质量的音频、视频和图像等,不受印刷、运输、地域等因素的制约,满足人们第一时间掌握世界时事新闻和对无线网络服务的要求。目前,无线网络已经几乎覆盖了中国城市的各个角落,就连最简陋的小饭馆都能够提供免费 WIFI;同时,它还拥有超高数据传输速度,通过手机、微博、拍客等能同步事件发展的整个过程,对大众了解世界现实、监督政府管理、调查事实真相、直播现场比赛等带来极大的便利,但同时也产生"人肉搜索""网络暴力"等负面的影响。不论如何,我们都无法否认第四代移动通讯技术正在改变我们的生活和工作,较之以前有不可比拟的优越性。

4. 主体大众化

传统媒介包括互联网发展的最初阶段,信息发布者几乎都是特殊人群和专业人员,发言权牢牢掌握在权威人士的手中,普通大众只能被动地接受和消化,单一的传播方式限制着人们的话语和态度的表达。微博、论坛、QQ 等应用的出现,给受众带来全新的体验,每个人既可以成为忠实的收听者,还可以成为信息的创造者和发布者,人们开始欣欣鼓舞地表达自我:消息传输、生活缩影、晒晒心情、人生感悟、阅读留言、经验传授、知识传递、发表意见……无不体现网民在自由的环境中充分放飞自己的情感,真正成为大众自己的文化创造者，使网络永远保持极大的活跃度和生命力。但是，自我表达具有一定的随机性和不可控特点，对社会传播负面信息和低俗内容带来一定风险，对网络管理的难度加大。

5. 信息海量化

移动设备带给大众的便捷使人们更加乐于生产和传播消息，信息的制造者在不断增长，信息内容在不断缩短，媒介终端在不断发展，网络技术在不断提高，这些都促进信息传播速度的提升。到 2016 年 12 月为止，中国网页数量有 2 360 亿个，人们每天接触到的消息总量大概有 10 000 亿条，相当于国家图书馆所有藏书量的 5 倍，每天能够搜索到的图片总量大约有 100 亿张。人们对信息的阅读已没有原来的耐心和精力，冗长的文字常常被人们所忽视，大篇幅的文章和视频已经不合时宜，"重要的事情说三遍"，重要的信息需要重点标注出来，人们越来越喜欢"快餐式"的阅读方式，消息的发布者都用标新立异的标题来吸引大众的眼球，即所谓的"标题党"。在这种浮躁的社会中，娱乐化的信息最能给网民释放压力，娱乐信息充斥着整个网络，各种娱乐节目纷纷成为收视的冠军。

6. 交流隐蔽性

网络本身就是巨大的虚拟空间，交流的双方丝毫不知道对方的真实资料，因此，网络上盛行一句话："你不知道在网上和你聊得津津有味的是人还是狗"，以幽默风趣的方式形象地表达出人们在网络交流过程中的尴尬和顾虑。在"微时代"，信息的发布者和传播者可以是所有大众，而发布和传播的过程又可以轻松隐匿自己的身份，甚至可以屏蔽掉某些特定的群体，增强信息双方的安全感，深受大家的追捧，给本不安全的网络平台带来独立的保留隐私的私人空间。另外，人们在表达不同内容时扮演不同的自我，错失与亲近人的交流机会，也逐渐削减现实生活中人与人沟通的能力，很容易让许多人迷失在这个庞大的虚拟空间之中。网络之间的交流有时并不是在拉近人与人之间的距离，相反，它在疏远人与人之间的现实情感距离。此外，信息发布的隐蔽性也给舆论监管部门带来巨大的难题，给网络暴力的渗透和蔓延提供了土壤。

7. 沟通交互性

这里的交互性不是计算机信息技术领域中的人机交互性，而主要指信息传播双方之间的交互性。互动性是互联网产生之后就具有的特征，而"微时代"把这种特征表现得更加鲜明。传统媒体（报纸、杂志、电视、广播等）

都只是信息单方面的传递者，而且传输的内容和时间受到严重限制，同时也阻碍接受的群体和范围的扩大。互联网的产生，通过网络终端可以即时接受信息传播者发布的内容，也可以轻松编辑文字或图片传送信息，已经由"一对多"的传播方式转变为双向交互式的无障碍沟通，信息之间的交流更加简单、便捷。"微时代"，移动终端的使用使信息更加简短、精炼，人与人的对话更加平等、自由，媒介之间的传播方式更加复杂，传播途径更加多样，这些都进一步突出沟通的交互性。

第二节　"微"媒介与传统媒介

一、媒介的发展历程

1. 媒介的类型

在谈及"微时代"的同时，不可避免地要说到人类文明历史中的媒介发展历程。媒介是传播学上一个无法跨越的词语，信息是思想内容，符号是表现形式，那么媒介就是承载符号的实体，媒介的容量和传播速度直接决定了信息传播的广度和领域，因此，技术的发展是左右媒介发挥功能的基本条件。在人类传播发展的历史长河中，每一种媒介都曾经担任过辉煌的重担，是一个时代的标志，大体经历了书写媒介、印刷媒介、广播媒介、影视媒介、互动媒介几个阶段。书写媒介是最原始的传播方式，也是先人伟大智慧的体现，在漫长的人类发展史中历经朝代最多，经历了由重到轻、由硬到软的演变，但因其单一化、时限性、地域性等因素的限制，人类开始逐渐探索批量化生产的方式，由此进入印刷媒介的时代。印刷媒介是世界公认的影响人类发展的最有影响力的事件之一，也彰显中国四大发明的杰出贡献。广播媒介源于对电的发现，在人类不到 200 年的历史中就产生了翻天覆地的变化。影视媒介解决了广播媒介稍纵即逝的缺陷，声像并茂地给予人们全新的感受。以电脑为主要代表的互动媒介，一问世就大有取代传统媒介的事态，再加上互联网的发展，其领域几乎无所不包，成为大众之间简单而快捷的主要通讯工具。如果说书写媒介是信息的加法运算，那么，印刷媒介就是信息的乘法运算，广播媒介和影视媒介则是信息的倍数运算，而现阶段的互动媒介堪称信息的幂数运算，并且每个进程的时间愈来愈短。

2. 互动媒介的分类

互动媒介以互联网的发展为主要标志，其发展主要经历了四个阶段。

首先就是传统网络的 Web1.0 时代，信息技术是网络公司发展的重要砝码，例如新浪、搜狐、腾讯、盛大等网站致力于技术平台、搜索平台、即时通讯、网络游戏等不同形式的技术运用，之后才开始向综合性门户网站发展。这些门户网站大都以"内容为主、服务为辅"，依托用户的数量和点击率，重视知识的传输，以新闻信息见长，但网站还是以公司为主导地位，虽然 Google 已经推出搜索引擎功能，但搜索信息还不是网民的家常便饭。这时，网站与网民之间的互动还不够充分，运用邮箱的方式还比较多，网络的即时性还不够突出。但是，诸如论坛之类动态的网站此时已经初现端倪。

不同于第一代互联网以公司为主导地位，Web2.0 开始转向以用户的需要为主导方向，并且各类社交网站开始盛行，例如 Facebook、微博、豆瓣、开心网、人人网、QQ 空间等等。网站内容的展现不只是网络公司的杰作，网民也开始加入制造网站内容的行列，网络用户从单纯冲浪到制造波浪，从只读到读写结合，从单一的接受到双向的互动，从读者到作者，从静态到动态，从被动的接受到主动创造的巨大转换，彰显"以人为本"的时代理念，是交互式传播的最好诠释。这个阶段的社交网络确实聚合了许多用户，并且吸引用户使用的持久性。同时，Web2.0 时代还催生了利用所有网络用户集体智慧进行编辑的维基百科全书，是网站内容创建的创造式变革。但是，它还是不能最大范围内展示庞大的信息量，并且受到空间范围的拘束，即时性还不够强。

Web3.0 是由业内人员制造出来的概念，和 Web2.0 一样属于思想上的创新而带来的技术整合，主要产生在虚拟货币和在线游戏之中。各种平台、论坛、游戏等能够获得虚拟财富，并且可以通过一定形式兑换成人民币，使人们在现实和网络之间徘徊。此外，Web3.0 开启跨区域、跨语种、跨行业的发展历程，已经能够涵盖几乎所有传统行业的加盟，每个行业都可以通过互联网进行专业服务，收取一定费用。在搜索引擎上，Web3.0 提升服务理念，推出个性化引擎，利用网络用户的搜索习惯和偏好帮助他们快速、准确地找寻需要的和感兴趣的信息，大大提高了搜索的效率。

Web3.0 可以随心所欲地搜集和获取自己想要的信息内容，拥有真正即时性的特征，那么刚刚崭露头角的 Web4.0 时代就是知识分配的阶段，网络可以把自己想要达到的目标的学习知识分阶段整理，被誉为"国内 Web4.0 网站开拓者"的同城商务，通过开放式的平台系统、创新功能应用及升级用户体验受到关注，可以在任何时候、任何地点提供给你需要的任何东西。

当然，也有人把互联网时代划分为以 QQ 为代表的为了传输信息的窄带时代、以 Qzone 为代表的拥有后台存储系统的宽带时代、以花样繁多的 APP 为代表的能够无时无刻给生活带来便捷的移动互联网时代，以及将要进入以人工智能为代表的新时代。无论怎么划分，世界的变化最大限度上受到互联网发展的影响，并且越来越凸显。自从 20 世纪 60 年代世界上第一台计算机的产生以来，互动媒介也就经历了短短 50 多年的时间，而中国的互联网业仅 20 多年的光景（如果从中国成功发送第一封电子邮件开始算，也就刚好 30 年的时间，因为中国又花费 7 年时间真正接入互联网）。中国互联网发展的 20 多年时间内，除了持续时间最长的 Web1.0 时代(十几年)和接近尾声的 Web2.0 时代之外，其他几个时代正处于并行发展和整合的时期，可见互联网发展之快速。因此，我们必须紧跟时代的潮流，不断加强互联网建设，谨记"落后就要挨打"的道理。

二、互联网在中国的发展

加拿大著名的大众传播学大师麦克卢汉在被称为"电子时代的先知"——《媒介通论》一书中提出："媒介是人体的延伸，书是眼的延伸，广播是耳的延伸，电话成为耳朵与嘴巴的延伸，电视成为触觉与知觉的交织感的延伸，电子技术是中枢神经系统的延伸。"[①]因此，要理解互动媒介，必须从我们的大脑开始。面对各种新型媒介的诞生和发展，我们要理性对待，以扬弃的方式保持信息的本来面目，当然不是说要放弃新媒体的传播和运用，这不是前进，而是倒退，重要的是我们如何来利用这种逐渐庞大的媒介来适应中国的国情和需要，就像马克思指出的一样："理论在一个国家实现的程度，总是决定于理论满足于这个国家的需要的程度。"[②]

1."微"媒介的崛起和兴盛

2017 年 1 月，中国互联网络信息中心（CNNIC）发布的《第 39 次中国互联网络发展状况统计报告》显示，截止到 2016 年 12 月，中国网民规模达 7.31 亿人次，互联网普及率为 53.2%。中国手机网民规模达 6.95 亿人次，使用手机上网人群占比由 2015 年的 90.1%提升至 95.1%，网民上网设备进一步

---

① 马歇尔·麦克卢汉，何道宽译:《理解媒介：论人的延伸》，译林出版社 2011 年版。
②《马克思恩格斯选集》（第 1 卷），人民出版社 1995 年版，第 11 页。

向移动端集中。网民在手机端最经常使用的 APP 应用是即时通信。

微信朋友圈是基于微信联系人形成的熟人社交平台，是 2016 年网民在手机端最经常使用的 APP，使用率已达到 79.6%。微博是基于社交关系来进行信息传播的媒体平台，得益于名人、明星、网红及媒体内容生态的建立与不断强化，以及在短视频和移动直播上的深入布局，用户使用率持续回升，达到 37.1%。微博的使用也覆盖到政府工作之中，经过新浪平台认证的政务微博达到 164 522 个，主要包括政府、公安、团委、交通、司法等机构。总之，以微博、微信为代表的社交工具极大地提升了新闻传播的范围和速度，又基于自媒体应用在用户规模方面的优势，拓宽了新闻素材的来源，成为诸多社会热点事件爆发、发酵的源头，进一步带动了新闻网站、传统媒体的跟进报道。

2. 互联网发展的现状及趋势

我国已经在互联网的道路上后发先至，自 2015 年李克强总理在"两会"期间的政府工作报告中提出"互联网+"行动计划后，"互联网+"已经成为各行业青睐的对象，经过近两年的经营和创新，中国已经取得辉煌的成绩，为老百姓提供了更自由的生活，无处不在的便利。本书从中国互联网络信息中心 2017 年 1 月发布的《第 39 次中国互联网络发展状况统计报告》的数据和分析，来展示中国网络在各个行业和领域的使用现状和发展前景。

2016 年，企业的计算机使用、互联网使用以及宽带接入已全面普及，分别达到 99.0%、95.6% 和 93.7%。超过四成的企业开展在线销售与采购，"互联网+"传统产业融合加速，中国企业在线销售、在线采购的开展比例实现超过 10 个百分点的增长，分别达到 45.3% 和 45.6%。在传统媒体与新媒体加快融合发展的趋势下，互联网在企业营销体系中扮演的角色愈发重要，互联网营销推广比例达 38.7%。在供应链升级改造过程中，企业日益重视并充分发挥互联网的作用。

我国网络购物用户规模达到 4.67 亿人次，占网民比例为 63.8%。在直播全民化、自媒体专业化快速发展的背景下，网红、直播等形式带动网络购物向娱乐化、体验化、内容化的方向发展。电商平台也加大内容领域投入，新的流量聚集也有效促进了特定品类的交易转化。与此同时，VR、AR 等技术在电商领域的应用也带来了新的购物体验，未来技术将推动更多零售业态的变革。2016 年主要电商平台渠道下沉战略加快实施，在物流、金融、服务等方面完善农村网购市场，在推动农村电商发展的同时促进地方扶贫脱贫。

截至 2016 年 12 月，我国网上外卖用户规模达到 2.09 亿人次，年增长率 83.7%。在行业层面，尽管网上外卖仍处于相对初级的发展阶段，但随着外卖平台商户资源趋同，平台开始意识到精细化运用的重要性，通过探索自营配送体系、使用快递众包、利用算法推荐附近接单等模式，提高物流时效和用户服务体验。市场层面上，外卖业务受限于高边际人力成本，盈利仍需要发挥"互联网+"的信息化及数据挖掘优势，提高上游传统餐饮的品质及配送效率，或降低下游用户交易成本，提高用户使用体验。

我国使用网上支付的用户规模达到 4.75 亿人次，其中，手机支付用户规模增长迅速，达到 4.69 亿人次。线上支付领域中，各网络支付企业不断深入与各级政府、公共服务机构以及社区的合作，涉及民生类的缴费环节陆续打通，全方位的民生服务网上缴费体系基本搭建，并加速推进。水电费、煤气费、物业费、网费、有线电视费等常规生活类缴费在纳入网上缴费体系的同时，加入诸如自助提醒等功能，使得缴费更加智能；就医挂号、交通违章、校园类缴费等社会公共服务实现网上缴费，极大地提升了公共服务机构效率。线下支付领域里，经过网络支付企业大力的市场培育，支付场景极大丰富，消费者在饭馆、超市、便利店等线下实体店使用移动网络支付工具习惯初步养成，并快速向低线城市渗透，出门"无钱包"时代悄然开启。网络支付给用户带来购物环节的便捷，对于商家而言降低收单成本、解决现金管理带来的不便，使线下网络支付应用得到迅速蔓延。

中国包括支付宝/微信城市服务，政府微信公众号、网站、微博、手机端应用等在内的在线政务服务用户规模达到 2.39 亿个，占总体网民的 32.7%。中国内地 31 个省、自治区、直辖市都已开通政府微博和政务头条号，包括政府、公安、团委、交通、司法等各垂直领域。各级政府及机构加快"两微一端"线上布局，推动互联网政务信息公开向移动、即时、透明的方向发展。我国网民在线政务服务使用率已超过线下政务大厅及政务热线使用率。资讯类平台内容不断丰富，包括天气、工商、司法、公安等领域在内的微博、公众号、头条号等发展迅速。互联网政务服务平台化、移动化速度加快，支付宝、微信开通政务服务入口并逐步完善服务内容，服务内容不断进行细化，从车主服务、政务办事到医疗、交通出行、充值缴费等方面全方位覆盖用户生活，大幅提升政务服务智慧化水平，提高用户生活幸福感和满意度。

我国互联网医疗用户规模为 1.95 亿人次，占网民的 26.6%，年增长率为 28.0%。其中，医疗信息查询、网上预约挂号用户使用率最高，分别达到 10.8%、

10.4%。网上预约挂号领域，不断完善的医院挂号平台和商业预约挂号平台共同推动了市场发展，在线问诊领域，目前已经形成若干规模化的互联网平台，拥有资金实力后，平台向线下诊疗核心环节过度的趋势更加明显。2016年《国务院办公厅关于促进和规范健康医疗大数据应用发展的指导意见》出台，为发展医疗大数据提供了政策环境。

中国在线教育用户规模达1.38亿人次，较2015年年底增加2 750万人，年增长率为25.0%；在线教育用户使用率为18.8%。其中，中小学教育用户使用率最高，为53.4%，中小学互联网设施的完善为高清直播课程等在线教学方式提供了基础。另一方面，中国在线职业教育需求旺盛，网民使用率34.4%，随着中国经济的转型升级，人才结构性矛盾越来越突出，高层次技术技能型人才的数量和结构远不能满足市场需求，在线职业教育仍是一片待开发的蓝海。

中国网民使用互联网进行慈善行为的规模达到2.38亿人次。其中，使用互联网进行扶贫行为的最大，占比达到16.8%；其次为疾病救助，占比16.0%。2016年，中国公益慈善也借助互联网持续发力，不断创新，借助网络公益平台，越来越多的人参与到扶贫，救助疾病、残疾人群等公益行动中来。以互联网为载体的募捐、公益众筹、社交圈筹款等公益新模式的出现让慈善捐助更加便捷化、多样化和透明化。首先，"互联网+"慈善运行模式的发展，促进了"人人做慈善"社会氛围的逐渐形成。互联网慈善新模式不仅提升了公众参与公益的便捷度，使得公众可以随时随地参与慈善捐助，同时让可供自助的公益项目更加多样，如环保、文化、艺术、农业等新型公益项目，让公众有更多的捐助选择权，吸引不同群体参与慈善捐助。其次，推动了大众公益理念的传播和公益文化的形成。从"免费午餐"到"冰桶挑战"筹款，一系列运用筹资新模式的公益活动的成功，展示出移动互联网在传播方面的优势，使得慈善信息能够及时、快速地传递给网民个体，潜移默化地培养网民慈善意识并推动社会慈善文化的形成。最后，推动公益慈善组织高效、透明、可持续发展。以"互联网+"为特征的慈善筹资新模式对项目质量和信息披露有比较高的要求，要求筹资方对公益项目的细节情况一一进行说明，这就促使公益行业努力提升项目开发能力和信息公开能力。

第三节　"微时代"高校思想政治教育的嬗变

"微时代"以微博、微信的开发为代表，促进了网络社交的迅猛发展，使信息共享越来越便捷。高校思想政治教育是学校党建的重要组成部分，是大学生健康成长的重要环节，是培养中国特色社会主义接班人的根本保障。"微时代"的到来对高校思想政治教育既带来机会也提出挑战。大学生具有接受新鲜事物快、彰显个性自由、民主意识日益增强等特点，是"微时代"最直接的受益者、体验者和传播者。思想政治教育应该随着时代的进步而不断调整自身，由传统的自上而下单线灌输教育过程转变为教育主客体之间双向传播的互动过程，充分利用微媒介发展的契机，改变思想政治教育的信息传播方式，为高校思想政治教育开辟新途径，提升高校思想政治教育的效果。

一、思想政治教育的内涵

自 1847 年马克思、恩格斯在共产主义同盟的章程中提出"宣传工作"之后，马克思主义经典作家们就开始进行相应的论述，其中就有现代思想政治教育的部分内涵。中国共产党很好地继承和运用了思想政治教育的理念和方式，1951 年，刘少奇同志在第一次全国宣传工作会议上提出了"思想政治工作"的概念，之后经历了"宣传工作""政治工作""思想工作""思想政治工作""政治教育工作"等称谓的交错使用，最终形成"思想政治教育"术语。

张耀灿教授给思想政治教育下的定义是：一定的阶级、政党、社会群体遵循人们思想品德形成发展规律，用一定的思想观念、政治观点、道德规范，对其成员施加有目的、有计划、有组织的影响，使他们形成符合一定社会、一定阶级所需要的思想品德的社会实践活动。这一概念表明：第一，思想政治教育是一项社会实践活动，它具有一般的社会实践活动的基本特征和价值。第二，思想政治教育具有鲜明的阶级性，不仅这一实践活动的实施者代表着一定的阶级意志，而且其表达的思想内容与社会主导的意识形态相一致。第三，思想政治教育是以教育为中心的社会实践活动，它涵盖了教育活动的全部过程和旨归，从而与其他的社会实践活动形式相区别。[①]

二、传统思想政治教育面临的交往困境

人类的一切社会活动都离不开交往，交往是人的存在方式，思想政治教育正是一种特殊的交往。众所周知，思想政治教育的出发点是社会交往过程中活生生的人，落脚点也是在交往过程中具备良好思想政治素质的全面自由

---

① 张耀灿，等：《现代思想政治教育学》，人民出版社 2006 年版，第 50 页。

的人。但是，在现实生活中，由于传统思想政治教育模式的延续，思想政治教育不能从交往的角度科学地把握人的发展，使得本应该促进人的全面自由交往的思想政治教育变得弱化甚至失效，导致交往的缺失。思想政治教育交往的困境，不但指思想政治教育交往过程中交往的匮乏，还包括忽视人的全面发展而进行的灌输式教育。

1. 泛于交往——交往的形式化和表面化

思想政治教育交往中的形式化和表面化问题表现突出。很多时候思想政治交往只有交往的形式，却没有实质性的内容，表现为教育者只重视交往表面的活跃性，而不重视教育者与受教育者之间的情感交流和其他精神方面的交往，忽视受教育者的内心体验和感受，忽视互惠互利原则，使思想政治教育失去交往的价值，同时带有一定的"虚假"性，使思想政治教育交往的过程不能满足受教育者的需求，也达不到教育者的期望。"教育的核心是人格心灵的唤醒"，是"人与人精神相契合"。思想政治教育交往的形式化和表面化忽略主体间的交往，不具有教育性，只是把思想政治教育交往流于形式而已，不是真正意义上的思想政治教育交往。

思想政治教育交往形式化与表面化还指教育者与受教育者之间的交往远离思想政治教育内容所承载的文化意义和教育意义，有些时候甚至是以形式代替内容。思想政治教育在交往形式上脱离了受教育者的生活世界，教育者按照自己设计的模式按部就班地与受教育者进行交往，用自己的思维把握受教育者的思维，用自己的语言代替受教育者的语言，从而忽视受教育者的内心感受与体验。

2. 疏于交往——交往的程式化和手段化

思想政治教育的内容缺乏创新，并没有随着交往方式的变化和时代的发展而改变，以至于缺乏吸引力。受教育者一般对自己的生活世界比较熟悉，但思想政治教育的内容大多脱离了受教育者的生活世界，内容更新往往落后于社会的进步和发展，甚至有些内容是纯理论的，根本就没有感性认识。目前，思想政治教育交往方式主要是灌输，现代思想政治教育交往强调的是教育者与受教育者之间民主、平等、合作、互助、和谐的关系。但现实中的思想政治教育使教育交往变成了"单向灌输"的活动，这种不合时宜的教育交往形式和方法会严重影响思想政治教育的效果。

采取强制性的灌输教育方式，阻碍了受教育者主体性的发挥，忽略了受教育者的内心感受、思想观念、价值冲突等等。教育者灌输的道德规范和观念很容易变为空洞的、抽象的行为戒律,这些内容被抽离了人性的本质,它所能达到的也只是人的外部行为,并无法深入人心,得不到受教育者的普遍认同。这样,思想政治教育被理解为意识形态规定、思想控制的代名词,不能给人生命的信念,不能成为人生的动力。比如学校中的思想政治教育,知识、教条、规范的灌输和应试教育的模式固化了青年一代的思维,压抑了他们的激情,使他们蓬勃的生命力得不到展现,灌输无视思想政治教育的本质特性。思想政治教育不仅要关注受教育者的"知"和"不知"、"懂"和"不懂"的问题,而且还要教导受教育者在"知"的基础上付诸实践;不但要把知识内化为自己的理论和价值体系,还必须把知识外化为自己的行动,达到知、情、信、意、行的统一,最终实现自律与践行的一致。思想政治教育变成一种单纯的说教,交往双方往往并非出于自愿、自觉,而是迫于任务和压力,机械地、被动地进行思想政治教育交往,忽视了情感的交流,受教育者缺乏应有的创造性和主动性,他们变为如同一个模子刻出来的产品。

3. 失于交往——交往的片面化和强制化

传统教育中,教育者是思想政治教育交往的发起者、主导者,是知识的占有者和传授者,是占有优势资源的一方,具有很强的主动性和权威性,而受教育者则经常是被动的执行者。教育者作为思想政治教育交往活动的主宰者,是语言权威和思想权威的代言者,受教育者往往屈服于不平等的交往中,成为被动的一方甚至可以说是被迫的一方。这样持续下去,思想政治教育就很有可能变为教育者垄断性的交往,教育者在交往的过程中无形地剥夺了受教育者或多或少的权利,这样思想政治教育就失去了交往的平等性,这种交往状况使受教育者丧失了一定的思想自由、言语自由,受教育者的劣势地位会极大弱化交往的效果。另外,思想政治教育交往主要固定在特定的人群之中,交往局限在狭隘的圈子里,形成不了多元主体优势互补,达不到教育者与受教育者之间、教育者之间、受教育者之间的共同互动交往的状态。

传统的思想政治教育交往脱离了生活世界,忽略了教育者与受教育者在交往过程中的交流。思想政治教育交往中的交往双方都是具有意识的、能动的信息交换者和传递者,如果他们都以积极主动的心态进行交往活动,那么交往活动就不是没有反馈的单向活动,而是交往双方的沟通和对话;不是僵化的强制活动,而是一种互动的过程。思想政治教育要体现平等的交往方式,在相互尊重、信任和身份对等的立场上，通过语言和行动的表达进行双向的沟通。通过平等的交往，教育者与受教育者之间不再是主、客二分的关系，而是自由、对等的关系，教育者与受教育者进行内心世界的交流，教育者根据受教育者的内在需要和思想道德发展水平决定思想政治教育的内容，并与之共享，教育者和受教育者之间相互尊重、共同理解、彼此信任，形成积极良好的人生态度和情感体验。传统思想政治教育交往忽略受教育者的个性和知识背景的差异，不重视个体的自我发展。

三、"微时代"思想政治教育面临的新情况

思想政治教育的传播媒介最早为口耳相传的方式，人们在繁衍过程中通过代际的言传身教使各种社会规范代代相传。文字是人类的伟大发明，打破了时空的限制，增加了信息传播的容量，思想政治教育的体系逐渐形成，造就文字媒介在思想政治教育发展史上里程碑的地位。中国四大发明的印刷术给传播媒介带来新的福音，人类在思想传播交流史上突破人际传播的困境，以报纸为代表的印刷媒介开启思想政治教育大众化的新局面。电子媒介对思想政治教育的发展是又一次革命性的创造，其直观性、时效性、渗透力等优势凸显。思想政治教育是我党的优良传统和政治优势，"微时代"作为思想政治教育发展的新时期，在理念、内容、方法、主体、环境等方面需要进行新的探索，促使思想政治教育取得新成效。

（一）思想政治教育新理念

1. 平等意识

"微时代"信息传播者的不确定性决定了思想政治教育的话语权开始趋于平等，"一言堂"已经不适应新的形势。沟通的交互性打破思想政治教育者的绝对主导性，政府和高校的舆论地位在一定程度上受到弱化，实现教育者和受教育者双方平等的多维交流。首先，这源自获取信息的地位平等，只要拥有网络和终端，任何人都可以从互联网上得到相同的信息，网络成为受教育者汲取信息和知识最畅通的渠道。其次，在于发布信息的平等性，受教育者一改传统的被动模式，每个人都是自媒体，消除思想政治教育双方的隔阂，有利于提高思想政治教育的有效性。因此，思想政治教育者必须转变理念，平等对待每个受教育者，改变居高临下的态度和思想。

2. 民主意识

网络社会中的大众更加善于表现自我，乐于表达思想，彰显个性。因此，民主的氛围能够提高思想政治教育双方交流的深度和广度，能够提升受教育者参与集体活动的积极性，激发大学生的能动性和创造力。民主社会离不开民意的表达，越是宽松、自由的环境才能得出最真实的民意结果，它是社会问题的晴雨表。思想政治教育者需要尽可能地给予受教育者更广泛的民主空间，借助网络的开放性、平等性掌握更多的民情民意，有针对性地处理好亟待解决的问题，防止校园危机和突发事件的爆发，培养思想政治教育双方的民主精神。

3. 交往意识

马克思主义视域中，实践是核心概念，人与人之间的实践即为交往实践，思想政治教育就是一种特殊的社会交往实践活动。传统思想政治教育中，片面强调交往实践的工具价值，忽视交往实践必须是双方互动的结果，漠视对受教育者的人文关怀。互联网的发展给人们带来新鲜的交往感受，对话模式就此展开。交往双方可以畅所欲言，快速找到志同道合的精神伙伴，沟通有无，思想上不断碰撞出火花，心灵不断得到融合。思想政治教育者需要看到受教育者的新变化，主动出击，沟通无间隙，交流无障碍，在网络上对受教育者施加有目的、有计划、有组织的深层次交往，才能够增强思想政治教育的实效性。

4. 包容意识

"微时代"的信息呈现海量化特征，必然存在诸多非主流的声音，必然受到文化多样性的影响，思想政治教育的权威地位受到严重的挑战。思想政治教育是主流意识形态的维护者和建设者，用于保证党和国家的领导权和话语权，如何在庞大的信息海洋里维护主流文化的舆论地位，这给思想政治教育者提出了不小的难题。思想政治教育者一方面要顺应时代的潮流，兼容并包，倾听来自草根的呐喊，给社会舆论带来新鲜的血液。如果一个国家的网络"鸦雀无声"，那才是最危险的事情。另一方面，思想政治教育者还必须提防腐朽、落后、反动的言论传播，在纷繁复杂的信息资源中剔除不良的网络信息，净化受教育者的成长环境。

5. 服务意识

思想政治教育的根本目的是提高人们认识世界和改造世界的能力，促进人的全面发展，因此，教育者必须具备服务意识，帮助受教育者更好地成长、成才、成人，形成良好的世界观、人生观和价值观，解决生活中面临的疑惑和难题，抑制不良情绪的滋生，调节心理的压力和精神状态。当网络谣言兴盛的时候，教育者能够第一时间避免谣言而导致的误解和不安，服务大众，服务社会。一旦提升受教育者的判断能力、反思能力、主动参与能力，完成受教育者从内化到外化、由他律到自律的转变，受教育者就会成为新的教育者，具有正能量的网络意见领袖的培养将开启思想政治教育的新篇章。

（二）思想政治教育新内容

思想包含着丰富的内容，传统思想政治教育的内容主要包括思想教育、政治教育、道德教育、法制教育、心理教育、伦理教育。时代在发展，社会在进步，人的素质在提高，要发挥思想政治教育的最佳功能，思想政治教育的内容必须不断更新，除了中国特色社会主义核心价值体系之外，"微时代"还要求思想政治教育重视新的教育内容，包括媒介素养教育、网络安全教育等。

1. 媒介素养教育

传播学大师麦克卢汉曾说过："传播媒介是我们人类意识的延伸，意识则是我们个人能量的'固定资产'，它塑造了我们每个人的认知经验。"意识是媒介传播的主要内容，但媒介也不是一成不变的，"一种传播媒介的'内容'经常即是另一种传播媒介：写作的内容是演说，就像手写的字是印刷的内容一样，而印刷则是电报的内容"。[1]因此，他得出"媒介就是讯息"的著名结论。在麦克卢汉看来，媒介是最重要的存在，而信息则是次要的内容，媒介本身就包含许多信息，必须从媒介出发才能够真正读懂信息。在当代，较为合理的媒介素养结构，应当由媒介认识能力、媒介使用能力、媒介批判能力和媒介创造能力四个部分组成。[2]媒介素养是人综合素质的网络表现，它离不开思想政治教育传授关于媒介的知识、文化、思维方式、综合分析能力、价值观等。

"微时代"的受教育者既是信息的发布者，又是信息的接受者，除了享有一定的权利，还需要承担相应的义务，而思想政治教育者需要加强网络信息传播的责任，提高媒介素养。首先，法律法规是信息传播者必须要遵守的规

---

① 马歇尔·麦克卢汉，何道宽译：《理解媒介：论人的延伸》，译林出版社 2011 年版。
② 吕巧平：《媒介化生存——中国青年媒体素质研究》，中国传媒大学出版社 2007 年版，第 21 页。

范。国家层面上，网民不得从事危害国家安全、蔑视社会制度、煽动民族仇恨、鼓动社会动乱、泄露国家机密等。社会层面上，不得公布和转载假的或未经证实的消息情报、不得侵犯他人的个人隐私、禁止用不体面的方式粗暴地贬低他人名誉和尊严、禁止造谣中伤和侮辱诽谤他人等。其次，每个网民都应该意识到自己是网络媒介中一员，对接受的信息能够进行辨别，区分真伪、好坏、主次、轻重，在传播的过程中对内容有所把控，形式要适当，负责任地为大众谋利，尽可能地做到客观、公正、全面的报道，不浮夸、不造谣、不武断，同色情、暴力、虚假信息和欺诈行为作斗争，真正承担起保护社会健康、维护社会稳定、促进民族和谐与人民团结的责任。总之，思想政治教育需要适应时代的新变化，拓展思想政治教育的内容，把媒介素养教育纳入思想政治教育体系，开展形式多样的思想政治教育。

2. 网络安全教育

“微时代”是开放的时代，也是充满各种挑战的时代。当代社会，国内国际形势变化复杂，不同价值体系、思想文化的交流不仅会融合，也会带来一定的冲突，微博、微信等媒介传播速度和影响范围加快，高校思想政治教育面临许多新任务、新课题，其中之一就是网络安全教育。大学生处于容易接受新鲜事物的阶段，“微时代”的各种媒介正好满足他们的好奇心。由于他们缺乏人生经验和社会阅历，网络安全意识普遍淡薄，网络安全的法律法规知之甚少，网络信息识别能力不高，网络维权意识不强，网络自控能力较差。

大学生是微媒介庞大的使用群体，但因世界观、人生观和价值观正处于初步形成阶段，在环境复杂的网络世界中容易受负面信息的影响及居心叵测的人的蛊惑，面临道德迷惘、价值紊乱、信仰迷失等问题。首先，一些西方资本主义国家为颠覆中国社会主义制度，宣扬资本主义价值观，他们利用互联网的便捷性和即时性，加大各种反党、反国家、反社会的思想和言论，充斥各种质疑的声音，历史虚无主义也加大文化渗透的步伐，导致一部分大学生的爱国主义思想和民族主义观念逐渐淡薄，这对中国特色社会主义道路提出严峻的挑战。思想政治教育者需要勇于担负起重担，在网络中加强思想政治教育的宣传，坚决抵制危害国家和社会的言论，使大学生免受各种思想毒瘤的侵害。

其次，大学生没有注意网络安全信息的习惯，对个人数据保存不周，导致泄露真实资料、个人隐私、日常照片、联系方式、家庭地址等，商家通过网络邮件、垃圾短信、陌生电话等方式向大学生发布各种消息，甚至犯罪分子利用大学生毫无保留、畅所欲言的信息获取其信任而展开一系列的犯罪活动。大学生在无线网络的使用过程中也容易遭遇木马和病毒的骚扰，很多大学生为了节约生活成本，在存在安全隐患的免费 WIFI 中进行网络社交和网络购物导致银行账号、信用卡密码被人盗取，造成经济损失。

再次，由于部分大学生的心智还未成熟，自我控制能力还比较差，再加上宽松的校园生活和减少的学习压力使他们容易沉迷于虚拟的网络空间和网络游戏中。象牙塔带给大学生从未有过的自由，日常生活、社交、学习、课余时间很大程度上由自己决定，虚拟的网络世界成功地充当大学生业余消遣的途径，丰富的网络内容诱惑着青春期的大学生，色情、暴力的网络信息不断侵害大学生的身心健康，简单的网络社交形式推动大学生脱离社会和现实，目不暇接的网络游戏盛行在大学生的日常生活中，深陷其中不能自拔，严重影响大学生日常的学习和生活。思想政治教育需要解决大学生面临的困惑和难题，帮助他们免受其害，涉及网络安全的教育就势在必行。

（三）思想政治教育新方法

思想政治教育方法是思想政治教育理论体系中不可或缺的重要组成部分，一定时期的思想政治教育方法是教育者在长期实践中摸索出来的经验，适应当时社会环境和人们的思想特点。马克思唯物主义认识论认为认识来源于实践，实践必须指导理论，当社会环境和人们思想变化发展的时候，思想政治教育方法也必须有新的发展，适应新的社会，跟上新的形势。方法是解决问题的明灯，传统思想政治教育在向现代化思想政治教育转变过程中，现代信息化的手段要充分运用，改变思想政治教育面貌，创造思想政治教育富有创新性的新时代。

1. 自我教育方法

从教育产生开始，自我教育便相伴而生，古今中外许多学者都认识到自我教育的重要性，它在人类教育的发展过程中是一种极其重要的教育方法。自我教育不仅是一种方法，更是一种教育理念。教育应是他我教育和自我教育的结合，不仅使人获得知识，更要把知识变成个体内在的品质。自我教育是开放社会的必然选择。随着知识经济的发展和信息化步伐的加快，特别是计算机网络化的迅猛发展，在有史以来最开放、大众传媒最发达、价值观念冲突最显著的时代，信息社会具有信息量大、传播速度快、影响范围广等特征，使得现代教育不会像过去那样无选择或很少选择的灌输教育，传统教育模式受到质疑和挑战，为自我教育的发展提供了可能。思想政治教育中的受教育者既是教育的客体，也是教育的主体，需要在教育者的引导下进行积极主动的理解和吸收，再外显为自身的行为。这种理解和吸收本身就包含受教育者的自我教育，没有受教育者的自我教育，教育者传递的信息就无法成为受教育者的知识体系。因此，教育和自我教育是相互影响、相互作用、相互制约的有机统一体。

随着我国社会主义市场经济体制的建立和发展，一方面要求人们充分发挥主体性，遵循市场经济的价值体系，实行自主经营、自负盈亏，即自由、平等、效率、竞争、开放、理性，有利于人们主体性的充分发挥，增强人们的使命感、责任感，促进人们形成积极向上、开拓奋进的人生观；另一方面，市场经济世俗化、功利化倾向等负面影响可能诱发拜金主义、享乐主义、极端个人主义等，给思想政治教育带来巨大的冲击。面对纷繁复杂的社会现象，受教育者必须进行甄别、评价和选择，力求做到正确把握自己。这就要求受教育者具有辨别是非的能力、抵制诱惑的能力，要提高自我修养的能力，自由选择适合自身发展和有助于社会进步的内容进行学习，为自我教育提供可能。

现代科学技术的发展，为自我教育创造了良好的学习环境和便利的外部条件，开辟了教育的新内容，也拓展了教育的形式。此时的受教育者不只是直接面对教育者，更多的是面对各种丰富的教育信息和资源，依据自身的兴趣和需求，自由选择适合自身发展的内容进行学习，实现学习的能动性和自主性。总之，思想政治教育需要重视对受教育者的自我教育，这是体现受教育者积极性、能动性充分发挥的最好途径，是彰显思想政治教育成效的最直接体现。

2. 网络"三育人"法

网络"三育人"法是指高校思想政治教育工作者借助网络平台，融大学生的教育、管理、服务于一体，做到教书育人、管理育人与服务育人，实现全面育人目的的方法。[①]

第一，教书育人要求提高教育者的网络素质和队伍建设。思想政治教育

---

① 胡恒钊：《高校网络思想政治教育实施方法研究》，《中国矿业大学》，2012 年，第 55 页。

必须对症下药，选择适当的方法有事半功倍的效果。"微时代"受教育者都在使用新的传播媒介，而目前许多高校教师还未开设自己的微博或微信，思想政治教育者忙于自身的教学、科研、生活，而无暇学习新的网络技术，导致思想政治教育出现一定的真空。方法是连接理论与实践的桥梁，思想政治教育需要运用最新的科技成果，熟练掌握网络技术，丰富思想政治教育载体，实现教育手段的现代化。这就要求学校加快网络文化队伍的建设，开展相关知识培训和实训，培养一批教师骨干力量，强化网络管理队伍，找准思想政治教育与"微时代"的契合点，建设一支政治强、业务精、纪律严、作风正的思想政治教育队伍，不但能够在课堂上熟练运用新的教学手段，也可以课后在网络上关心受教育者的生活状况和心理变化。

第二，服务育人是思想政治教育在新形势下的网络延伸。"微时代"思想政治教育的权威地位已经不复存在，要做好思想政治工作，需要树立新的服务意识。科学技术的发展在给社会带来生产力水平提高的同时，也会致使科技至上主义的滋生，引发人类的道德危机，因此，思想政治教育者要积极介入到新的空间和群体中，开设积极向上的网站，发布大学生喜闻乐见的信息，运用生活直观的图片、视频、音频等，拉近与受教育者之间的距离。以社会主义核心价值观为主要内容，大力弘扬中华民族优秀文化，创新宣传途径和方式，用最新的理念、最完善的服务、最丰富的内容来吸引大学生加入思想政治教育的阵营中。

第三，管理育人是通过网络监管思想政治教育的反馈和调节方法。信息反馈对思想政治教育来说至关重要，它直接反映受教育者思想状况，检测教育决策的执行情况、思想政治教育的施加效果，因此，能够掌握思想政治教育的反馈结果就能够反映思想政治教育的实效性。但是，由于"微时代"受教育者之间的交流具有隐蔽性，信息传播具有虚拟性，思想政治教育者在掌握受教育者思想情况时面临不小的难题，不利于做出正确的思想政治教育决策。这要求教育者能够及时、快速、准确地掌握教育的实情，透析问题的本质，经过去伪存真、去粗取精、由此及彼、由表及里的加工过程，杜绝"报喜不报忧"的思想，客观真实地反映事实真相，让思想政治教育充满活力和生命力。总之，思想政治教育需要跟随时代的步伐，整合思想政治教育的方法，形成信息化、立体式、双向互动的思想政治教育模式。

（四）思想政治教育新环境

思想政治教育环境是思想政治教育系统中重要的条件。思想政治教育总是在一定环境中形成，受教育者的外化也要在一定的环境中体现，包括自然环境、社会环境、精神环境和网络环境。在本书中更强调思想政治教育的网络环境。马克思主义认为，社会存在决定社会意识，"观念的东西不外是移入人的头脑并在人的头脑中改造过的物质的东西而已"。[①]思想政治教育必然受到外部客观环境的影响，"人们的观念、观点和概念，一句话，人们的意识，随着人们的生活条件、人们的社会关系、人们的社会存在的改变而改变"[②]。人们在环境中形成思想和观念，但是这种意识并非一成不变，会随着环境的变化而变化。另外，人的意识具有一定的能动性，人不但能够认识环境，在一定程度上还能够改变环境。因此，要善于通过思想政治教育的功能优化和开发思想政治教育环境。

1. 校园网络信息环境

本文所指的网络信息环境包括高校校园的网络信息环境，也包括校外社会的网络信息环境。校园网络信息环境相对简单，大多具有系统的、完整的、正面的、积极的舆论格局，顺应社会和历史发展潮流的言论，最常见的当属微博、BBS、微信、QQ等。相较于传统的思想政治教育，大学生有更多的话语权、自由性，拓宽了校园舆论场所，增强了网络舆论的影响力，但同时也开始出现和传播杂乱无序、内容零散、表达消极情绪、破坏正常秩序、扭曲事实的负面信息，极大地损害了高校的形象，破坏了思想政治教育的开展过程。

校园网络信息环境的制造者和参与者主要是运用网络平台的思想政治教育双方，教育者按照一定的要求和目标，有目的、有计划、有组织地创建有利于思想政治教育开展的环境，通过自觉或不自觉的方式影响网络舆论，在校园网络信息环境中充当思想政治教育的传播者、组织者、引导者、管理者。受教育者虽然还没有成为校园网络信息环境的主导者，但他们的地位和影响力已经大大提升，部分个体意见能够通过充分交流得到他人的理解和支持而四处扩散，进而转化为社会意见，在极短的时间内像"蝴蝶效应"一样影响整个网络，这都源于各种微型媒介的产生和发展。因此，对于思想政治教育来说，优化思想政治教育环境是思想政治教育系统工程中的重要环节。思想

①《马克思恩格斯选集》第2卷，人民出版社1995年版，第112页。
②《马克思恩格斯选集》第1卷，人民出版社1995年版，第291页。

政治教育环境是其中的重要因素，思想政治教育的目的是提高思想道德修养和综合素质，促进人的全面发展，思想政治教育自然要优化思想政治教育环境，否则不良的网络环境会逐渐侵蚀人的思想，阻碍社会发展和人类进步。

2017 年，中共中央、国务院印发《关于加强和改进新形势下高校思想政治工作的意见》指出，要加强对课堂教学和各类思想文化阵地的建设管理。充分发掘和运用各学科蕴含的思想政治教育资源，健全高校课堂教学管理办法。要加强对校园各类思想文化阵地的规范管理，加强校园网络安全管理，营造风清气正的网络环境。无论是高校思想政治教育者还是受教育者都应该具有自主意识，把校园网络信息环境当作自我生存和发展的重要条件，自主选择、自我辨别、自我认知、自我取舍，在复杂多变的网络环境中根据自己和思想政治教育的发展需要，排除不利的环境影响，选择最能够优化思想政治教育的环境，创造良好的思想政治教育舆论氛围。

2. 校外网络信息环境

除了校园网络信息环境之外，大学生每天都在校外网络环境中接受庞大的信息，这应该成为思想政治教育环境优化的主阵地。《中共中央国务院关于进一步加强和改进未成年人思想道德建设的若干意见》中明确指出，我国社会主义市场经济的深入发展，社会经济成分、组织形式、就业方式、利益关系和分配方式的日益多样化，为未成年人的全面发展创造了更加广阔的空间，与社会进步相适应的新思想、新观念正在丰富着未成年人的精神世界。与此同时，一些领域道德失范，诚信缺失、假冒伪劣、欺骗欺诈活动有所蔓延；一些地方封建迷信、邪教和黄赌毒等社会丑恶现象沉渣泛起，成为社会公害；一些成年人价值观发生扭曲，拜金主义、享乐主义、极端个人主义滋长，以权谋私等消极腐败现象屡禁不止，等等，也给未成年人的成长带来不可忽视的负面影响。在各种消极因素影响下，少数未成年人精神空虚、行为失范，有的甚至走上违法犯罪的歧途。因此，各类互联网站都要充分认识所肩负的社会责任，积极传播先进文化，倡导文明健康的网络风气。重点新闻网站和主要教育网站要发挥主力军作用，开设未成年人思想道德教育的网页、专栏，组织开展各种形式的网上思想道德教育活动。在有条件的校园和社区内，要有组织地建设一批非营业性的互联网上网服务场所，为未成年人提供健康有益的绿色网上空间。信息产业等有关部门要制定相关政策，积极推进这项工作。学校要加强对校园网站的管理，规范上网内容，充分发挥其思想道德教育的功能。

最近,《中共中央　国务院关于加强和改进新形势下高校思想政治工作的意见》也指出，要加强互联网思想政治工作载体建设，加强学生互动社区、主题教育网站、专业学术网站和"两微一端"建设，运用大学生喜欢的表达方式开展思想政治教育。要强化社会实践育人，提高实践教学比重，组织师生参加社会实践活动，完善科教融合、校企联合等协同育人模式，加强实践教学基地建设，建立健全国家机关、企事业单位、社会团体接收大学生实习实训制度，开设创新创业教育专门课程，增强军事训练实效，建立健全学雷锋志愿服务制度。要在服务引导中加强思想教育，把解决思想问题与解决实际问题结合起来，做到既讲道理又办实事，加强学生学业就业指导，帮助大学生顺利完成学业，加强人文关怀和心理疏导，促进大学生身心和人格健康发展，加强对家庭经济困难学生的资助工作，积极帮助解决教师的合理诉求。积极发挥共青团、学生会组织和学生社团作用。要健全高校思想政治工作评价体系，研究制定内容全面、指标合理、方法科学的评价体系，推动高校思想政治工作制度化。总之，校外网络信息环境的建设不但任重道远，而且要动员社会全体成员的共同努力，才能真正发挥思想政治教育的积极作用和强大力量。

第二章
微博：搭建高校思想政治教育的新平台

第一节　微博概述

　　微博在美国诞生 3 年之后在中国迅猛发展，受到众多网友的青睐和追捧。相较于传统的媒体，它拥有独特的传播方式、分享途径、应用平台，掀起网民狂欢的"织围脖"现象，一跃成为中国传媒中最有影响力的新兴媒体之一。

一、微博的发展与含义

（一）微博的发展

1. 微博在美国的诞生

　　2016 年，最能引发话题的世界领导人莫过于刚刚上任的美国第 39 届总统特朗普，他之所以能够吸引全世界人民的关注，不仅因为他是美国总统，还有个重要原因在于他"推特治国"的理念和言语。其中推特就是世界上最早的微博网站，英文名字 Twitter，意思是一种鸟叫声，认为鸟叫是短、频、快，和网站名字比较一致，后来认为寓意网站的话语权属于网民大众并且语言简练、及时。Twitter 的创始人是同样创立 Blogger 的美国人伊万·威廉姆斯（Evan Williams）和比孜·斯通（Biz Stone）、杰克·多尔西（Jack Dorsey），于 2006 年为解决公司内部沟通困难、让员工快乐而设计的，因有出其不意的效果，在短短一年时间内从提供内部服务升级到独立运营公司。2007 年凭借其极大的魅力成为人们表达和分享的第一选择。2008 年美国总统大选，奥巴马成功运用 Twitter 塑造良好的网络形象争取支持率，最终获得大选的胜利。Twitter 风靡整个美国，一跃成为万众瞩目的媒介明星，在全球各地开始征服越来越多的用户，各个国家纷纷开始推广，为中国微博的产生和发展奠定了基础。同时，类似于 Twitter 的门户网站也如雨后春笋般蔓延到世界的各个角落。

2. 微博在中国的发展

Twitter 被誉为"微博的鼻祖",自 2007 年进入中国用户的视野后就从未褪去闪耀的光芒,成为行业的标杆和模仿的对象。中国的网络营销团队开始打造自己的微博门户——2007 年的"饭否",从中国人打招呼的常用语"你吃饭了吗"得到启发,利用中国人的亲切感吸引大众试用,除此之外还有叽歪、滔滔、嘀咕、做啥、Follow5.9911 等中文微博网站开始兴起。但是,这些微博网站在 2009 年起陆续宣布关闭,虽然没有探索成功,但也为中国自己的微博市场做了勇敢的尝试和探索。

众所周知的中国微博当属 2009 年 8 月开始内测的新浪微博。新浪网在中国的门户网站中凭借有众多的使用用户和相对成熟的运营技术,紧跟时代的变化,敢于进行创新,成为中国微博网站成功的先驱,吹响了中国微博服务的号角,营造街头巷尾的谈资,是网民们津津乐道的时尚前沿,是大红大紫的媒介大咖。随着新浪微博的兴盛,其他网站开始纷纷效仿,中国微博市场日益火热,微博效应逐渐形成,中国四大门户网站均已开设微博。2010 年 1月 20 日,网易微博正式上线内测,继承了"推特"的简约风格,采用了@的形式进行用户间的交流,提供电脑网页版和大部分手机可以使用的客户端,定位简单的分享,只需三言两语即可分享周围的趣事,有充满个性的主题,能跟帖转发,有推送提醒。2010 年 4 月 1 日,腾讯公司推出微型博客服务,开设多种登陆途径:网页、手机、QQ 客户端、QQ 空间及电子邮箱等,仅支持 140 个字符以内的文字形式。借助腾讯庞大的使用群体和活跃度,经历不到一年的时间,因刘翔的腾讯微博突破 800 万的听众成为当之无愧的全球第一微博。随后又增加了本地上传视频、开放式上墙等个性化服务功能,被业界寄予厚望。2010 年 4 月 7 日,搜狐微博正式上线公测,是唯一一家不设字数限制的微博,可以关注任何感兴趣的人及他们的动态,可以记录自己生活中的点点滴滴,客户端加入操作反馈的人性化服务功能,还推出国内首个微博公益平台——"搜狐微博随手公益平台",试图在微博上有质的飞跃。但是,这三家跟随新浪微博之后的开创却付诸东流,纷纷退出微博的舞台:2014 年7 月 22 日,腾讯微博的运营团队被整合,宣告腾讯微博业务开始没落;2014年 11 月 4 日,网易微博宣布正式关闭;搜狐微博也死气沉沉,不知道何去何从。因此,我们现在所指的微博就是特指新浪微博。

2009 年 8 月 14 日,新浪微博开始内测,拥有私信、评论、转发、关注、发布和搜索功能。创始之初,和其他门户网站一样,通过邀请明星和名人开设微博，吸引用户的加入，采用实名制方式来认证真伪，限制发布 140 个汉字（从 2016 年 11 月开始，新浪微博开放发布 2 000 字以内的限制），关注度主要集中在娱乐、体育和企业界，但也不乏草根明星的微博达人。中国互联网络信息中心发布的《第 39 次中国互联网络发展状况统计报告》显示，微博作为社交媒体，得益于名人、明星、网红及媒体内容生态的建立与不断强化，以及在短视频和移动直播上的深入布局，用户使用率持续回升，达到 37.1%，比 2016 年 6 月上升 3.1 个百分点。用户特征更为明显，一线城市网民、女性网民、20 ~ 29 岁网民、本科及以上学历网民。城镇网民对微博的使用率明显高于其他群体。社交媒体成为诸多社会热点事件爆发、发酵的源头，并进一步带动新闻网站、传统媒体的跟进报道。但是同时，微博也成为谣言的集中爆发地，国家互联网信息管理部门曾对新浪微博和腾讯微博两家谣言传播集中的网站点名严肃批评。在搜索服务规范方面，国家互联网信息办公室、国家工商行政管理总局先后发布《互联网信息搜索服务管理规定》《互联网广告管理暂行办法》，来减少不良商业推广信息，改善网上信息搜索环境。

（二）微博的含义

微博的定义学术界没有定论，但是对微博的界定有几种表述。国内知名新媒体领域研究学者陈永东认为，微博是一种通过关注机制分享简短实时信息的广播式的社交网络平台。其中包括五个方面的理解：① 关注机制，可单向可双向；② 简短内容，通常为 140 字；③ 实时信息，最新实时信息；④ 广播式，公开的信息，谁都可以浏览；⑤ 社交网络平台，把微博归为社交网络。微博是 Web2.0 时代兴起的一种集成化、开放化的网络交际服务，是一个基于用户关系的信息分享、传播以及获取平台。微博让用户通过手机、IM 软件和外部接口等途径，即时向外发布字符一般在 140 字以内的文本信息，随时随地地把情绪、观点等用文字、图片、动画、视频等多媒体形式向网站发布，也可以通过评论、转发、私信等方式关注其他用户的信息，获取信息，参与互动。①

微博这一概念译自英文单词 Micro-blogging，是博客的一种变体，用户可以通过手机、IM（如 QQ、MSN、Gtalk 等）、Email、Web 等方式向个人微博客发布短消息，文本内容通常限制在 140 字符（70 个汉字）之内。②微博是基

---

① 项立刚：《为何微博是 140 个字》，《科学与文化》，2010（2）。
② 孙卫华，张庆永：《微博客传播形态解析》，《传媒观察》，2008（10）。

于用户关系的信息分享、传播以及获取信息的平台，用户可以将看到的、听到的、想到的事情写成一句话，或发一张图片，通过电脑或者手机随时随地分享给朋友，一起分享、讨论；还可以关注朋友，即时看到朋友们发布的信息。①微博是微博客的简称，是一个为网络用户以简短文本的形式（140 字符以内）提供信息分享、信息传播以及信息获取的平台。这些信息通过手机短信、即时通信软件（如 QQ、MSN、飞信等）、电子邮件以及 Web、WAP 等各种客户端发布和更新信息。②总之，微博是一种依赖网络终端和无线网络，用户能够通过一定限制的文字、图片、音频、视频等多种方式实现获取、分享和传递信息的新型网络传播工具。

二、微博的功能与特征

微博能够迅速得到广大网友的青睐和广泛使用，必然有其独特的魅力，从功能上来看，它创新了关注、评论、转发等基本功能，还可以获取和发布即时信息，使网络人际关系得到更大的延伸。下面通过中国互联网络信息中心发布的《2015 年中国社交应用用户行为研究报告》（以下简称《报告》）的数据和分析，来展示微博的功能使用状况。

（一）功　能

1. 关注功能

关注功能作为微博最基本的功能之一，即微博用户主动选择关心和重视的其他用户，对其发布的事情和话题充满兴趣。被关注者凭借自身的信息、近况、思想、情感、资讯等各种图文并茂的内容吸引更多的用户。《报告》显示，在微博联系人中，同学、现实生活中的朋友、同事占比最高，均在 60% 以上；其次是亲人、明星，55%以上的微博用户会关注；有 10.5%的人会关注企业账号，他们关注企业账号的目的，主要是了解企业发展动态（79.9%），其次是了解促销信息（68.5%）。微博用户都是以休闲的心态来看微博。从微博功能的使用情况来看，73.9%的用户通过微博关注新闻或热点话题，这意味着新浪微博已经成为一个大众舆论平台，成为人们了解时下热点信息的主要渠道之一；61.6%的新浪微博用户主要看热门微博；59.6%的用户关注感兴趣的人；57.9%的用户在微博上看视频和听音乐。由此可见，各种需求均可以在

---

① 杨晓茹：《传播学视域中的微博研究》，《当代传播》，2010（2）。
② 吴勇：《微博：大学生思想政治教育的新载体》，《广西社会科学》，2011（8）。

新浪微博上得以满足，新浪微博成为他们生活中一个主要沟通交流的平台，而关注就是新浪微博最重要的功能。只有关注你感兴趣的用户，他们的讯息才会第一时间呈现在你的面前。信息内容的传播是通过人与人之间的"关注""被关注"网络，节点式地一层层传播开来。名人明星和微博达人通过关注度的高低来比拼人气的兴衰，而关注者之间通过共同关注来拓展微博的交往范围，因此，微博是一个由关注和被关注而形成的复杂的社交网络圈。

2. 评论功能

评论也是新浪微博的重要基本功能，关注者对所关注的用户所发的信息内容随时随地通过留言的方式回复给被关注的用户，被关注者又可以对关注者的评论进行二次评论，反复以往，评论已经成为关注者与被关注者交流的桥梁，同时，人气高的被关注者所发的信息可能收获成千上万的"多重评论"，进而形成微博上热议的话题。与传统的媒介不同，微博的评论不仅只显示在被关注者的网页内，还可以连同被评论的微博和评论自身自动生成新的微博发送给关注自己的微博用户。这种爆炸式的传播方式是促使一条微不足道的话语成为新闻和网络流行语的主要原因。

3. 转发功能

《报告》统计，52.8%的微博用户会分享或转发信息，主要原因是微博的快速响应速度，所以微博用户选择微博来关注新闻和热点话题。在传播速度和传播深度上，微博都比传统的新闻媒体有天然的优势，而新浪微博一直都是各类重大新闻事件的首发源头。每逢遇到社会重大事件，新浪微博上的内容发送量和转发率都会出现显著的上涨。转发功能因其简单便捷，容易操作，节省用户的时间和精力，最大限度上地扩散，彰显网络时代的传播魅力。"微博时代"，信息的传播变得简单，谣言也随之蔓延，而且速度更快、杀伤力更强，用户对新浪微博平台信息整合性、及时性、权威性的认可，从另一方面也体现了微博辟谣的效果。正是由于微博的这种"自净性"，微博平台才成为用户转发和传播的重要原因。

4. 其他功能

微博作为新兴媒体，除了社交属性外，还有很大的服务价值。很多政府机关、名人、新闻媒体纷纷开通微博，与网民展开互动。政府方面主要利用微博征求民众意见，让民众自由发表观点建议，尽力在民众心中树立亲民民主形象；名人们主要通过微博发表自己正面积极有趣的信息以获得更多支持；

新闻媒体则利用微博发表精短新闻信息以扩大知名度。总体而言，微博对当下社会的影响较为积极，主要集中在"让新闻资讯传播更加便捷""能推动公益事业的发展""对政府政务透明起到推动作用""用户与企业直接的沟通渠道"，提及率分别为 87.3%、60.1%、57.6%和 50.1%。在微博用户中还可以组建微群，即有相同爱好的用户聚合在一起，围绕相应的话题和热点互相参与评论和充分交流，每个用户都可以自我创建或选择自己感兴趣的微群，向群里的用户推介热门信息、参与话题讨论，甚至同步发布到微博，提高微博的活跃度，扩大志趣相投的用户之间的交流互动方式，建立更为密集的人际交往关系网络。

（二）特　征

《报告》统计的微博的主要使用目的中，"及时了解新闻热点""关注感兴趣的内容""获取到生活中有用的知识和帮助"是最主要的目的，提及率分别为 72.4%、65.5%和 59.7%。使用微博会形成习惯，47.5%的用户会每天使用微博，微博已经成为他们生活中一个非常重要的社交媒体。从每天的使用时长上看，23.4%的用户每天使用微博在 1 小时以上。随着智能手机的普及和移动互联网的发展，手机成为人们刷微博的主要设备之一，88.8%的微博用户会在手机端使用微博，随时关注微博动态，随时参与微博话题，新浪微博已经成为他们生活中的重要一环。微博的广泛使用得益于其操作简易、传播迅速、内容微少、互动频繁、个性多元等特征。

1. 操作简易

这是微博风靡全球的主要原因之一。首先，微博的申请方式简易。微博用户只需在网站填写正确有效的邮箱，再设置合适的密码就能成功注册，对于网络新手来说也是轻而易举的事情，这种简单的申请方式推动了微博用户的激增。其次，微博的发布程序简易。微博用户发布信息时，来自社会的各个阶层、各种职业、各类学历的人们都可以畅所欲言，140 字符以内的文本成为普通大众的话语狂欢，甚至可以通过图片、小视频来展现自我，打破精英权威话语体系，每个人都享有平等地位。

2. 传播迅速

相比于传统媒介，微博可以省去发布者和接受者之间的中间环节，能够第一时间同步事情发生过程，可以做到守着微博知晓天下大事，对当今世界的一举一动都了如指掌，"随时随地随心表达新鲜事"，信息内容的包罗万象是以前任何媒介无法比拟的。正是如此，微博信息呈现病毒式的传播效应，也许微不足道的小事就能掀起舆论的惊涛骇浪，无意识的转发就把无辜的人瞬间推到风口浪尖。另外，微博字数有限，发布的信息内容很容易被断章取义，出现谣言四起，从而引起突发事件，但总体来说微博信息的关注持续性不强，轰动一时的事件很容易被海量的信息浪潮所淹没。

3. 内容微少

前文提到"微时代"特征的碎片化，而微博的内容微少则是"微时代"碎片化特征在内容上的体现。新浪微博在开设之初限定用户在发布、评论的字数限制在 140 以内，导致微博信息简洁明了，三言两语表述你的行为、思想、心情、状态、观点和事实，力图记录人们生活和工作的点点滴滴。就像腾讯微博的宣传语："与其在别处仰望，不如在这里并肩，记录身边的事情以及点点滴滴的感动，这就是我们 140 个字的人生"。越微小的事情和话语流传度就越高，越简明扼要的概述越能吸引大众的眼球，正好符合人们快节奏的生活。

4. 互动频繁

微博的关注、评论、转发功能给用户带来全新的体验。字数的减少增强人与人的互动，低门槛的发布提高信息共享的效率，内容的短小精悍加速信息的更新和传播速度，阅读和消化时间的缩短提升信息传播频率，交互式的传播方式加强人们的交流。大众再也不是被动地接受信息，通过只字片语就可以发表自己的看法，人们由消极的观望者转化为积极的参与者，特别是移动通讯和无线网络的普及，用户之间的互动已经不受时间和地点的限制，极大地提高用户的参与度和活跃度。

5. 个性多元

首先，微博具有丰富的内容和形式。现代人生活的忙碌和紧张可以在浏览微博时得到暂时的放松，简短的文字、多彩的图片、真实的声音、多维的视频让大众得到最广泛的选择。我们在微博中追寻自己的兴趣爱好，涉猎多种多样的领域，接受社会的各类教育和熏陶，释放工作的压力和生活的烦恼。其次，微博凸显用户的个性和风格。大众在使用微博时释放现实社会中约束着的自我，可以表达内心深处的话语和个性，既可以是现实生活中的朋友圈，也可以是以关注话题为中心的微群体，人们可以在不同的群体中自由切换，满足个体对不同环境的需求。

第二节　微博思想政治教育

一、高校微博概述

（一）高校微博的含义

前文介绍了微博的基本概况，这对学校教育来说是千载难逢的好机遇，加快知识更新的速度，有利于培养学生的批判性、创造性思维，突破教育环境的时空限制，有助于加强课堂与现实世界的联系，增强教育者与受教育者之间互动的频率。高校官方微博是由代表高校的官方机构（通常是学校的宣传部）在门户网站注册，并经过门户网站机构的认证，用户名旁点亮蓝色字图标，发布高校最具权威、最有公信力的信息，对发布内容拥有解释权和定义权的官方微博。因此，高校官方微博具有方向性、互动性、新颖性等特点。第一，高校官方微博以社会核心价值观为根本，把握时代脉搏，贴近大学生的思想、实际和生活，与时俱进地宣传党的指导思想、马克思主义中国化最新成果，引导大学生树立国家层面的富强、民主、文明、和谐的价值观，树立社会层面的自由、平等、公平、法治的价值观，个人层面的爱国、敬业、诚信、友善的价值观，确保了高校官方微博的正确方向。第二，微博自身的关注、评论和转发功能决定了只要拥有微博账户就可以与高校微博进行沟通。网络时代的特征以及微博的匿名性，使大众和高校官方微博的互动过程是一个平等的交流过程。除却了现实生活中身份、地位的差别，高校不能居高临下，被动等待受众的关注，大众可以无负担地与高校互动，有利于促进大众对高校的了解。第三，高校微博可以综合集文字、图片、视频为一体呈现新颖的信息内容，宣扬社会主义核心价值体系、社会主旋律等政治性、思想性强的内容，化抽象为具体，变枯燥为有趣，寓教于乐，使大学生在潜移默化中接受教育。[①]

（二）高校微博的发展状况

教育改革是一个永恒常新的社会主题。社会是不断发展的，因而教育也必须不断进行改革以适应发展了的社会所提出的新要求。教育实践是植根于

[①] 罗明惠：《高校官方微博的思想政治教育功能研究》，《广西大学》，2014 年。

整个社会实践的，是随着社会的发展而发展的，需要为一定社会的经济、政治、文化、科学等服务。微博是现代信息化发展的产物，培养人才的教育实践也必然要发展，反映对教育现象的认识的教育思想也要有所发展，高校微博就此产生。

2017 年初，微博校园、新浪微博数据中心、克劳锐、中国校园市场联盟联合发布《2016 中国高校政务新媒体发展报告》，详细阐述了高校政务新媒体的价值定位与责任担当，提出"四力建设"——传播力、影响力、公信力、引导力，并利用微博大数据，总结高校政务新媒体发展概况和高校新媒体用户画像，对高校政务新媒体的发展有重要的建设意义。从第一所高校开通官方微博，经过 7 年的积累，微博始终深耕校园市场，在学生用户方面，累计了 5 200 万学生群体用户，精准大学生日活用户达到 1 350 万人次，高度活跃用户占比 70%；在学生社团方面，有 3.5 万个高校社团进入微博平台组织开展活动；在高校覆盖率方面，有超过 3 000 所大中专校园，包括全部"985""211"高校。截至 2016 年 12 月 31 日，已开通官方微博的高等学校 1 168 个，累计粉丝量 2 725 万人次，累计发博量 310 万条。其中，华中科技大学于 2009 年 9 月 11 日注册成为第一所认证官博高校；北京电影学院粉丝量达到 2 196 711 人次，成为高校中粉丝排名量第一；河南大学以 25 373 条发博量跃居成为发博量第一的高校；中山大学认证账号量为 242 个，成为矩阵搭建最完善的高校。

由华东政法大学法制新闻研究中心、复旦大学国际公共关系研究中心联合发布的《中国校园微博发展报告（2015）》指出：截至 2015 年 6 月，微博青少年用户超过 200 万名，其中大学生占比超过七成。微博是学生了解社会动向、学习交流、社交娱乐的重要平台。在用户的活跃时段方面，高中生和大学生的登陆时段在 24 小时内的分布相当一致。每日的 0～7 点是低谷期，从 8 点开始微博呈现持续增幅，在 11～12 点迎来第一个峰值，晚上 18～23 点属于高度活跃时段。从微博发布来源看，截至 2015 年 6 月，高中生用户通过移动端发布微博总量占比 83%，通过 PC 端发布微博总量占比 17%；大学生通过移动端发布微博总量占比 65%，通过 PC 端发布微博总量占比 35%。移动端成为学生用户主流的微博发布平台，移动互联网时代的来临，打破了用户对 PC 端的依赖，使学生用户能够在缺少 PC 端的情况下，依然保持使用微博的习惯；PC 端和移动端各有其优势，相比于移动终端的便捷性而言，PC 端在微博发布上更能满足其图片、视频、链接等丰富内容的需求。

从统计上看，微博作为最受年轻人欢迎的新媒体平台，将持续关注传播载体的变化趋势，优化升级自身平台，与高校形成合力，促进高校政务工作的发展。随着直播、短视频等信息传播载体成为移动端的全新趋势，这些工具更符合当代年轻人的信息获取需求。微博引导高校将其更好地运用到政务工作中，吸引用户互动与参与，优化用户体验，增强用户黏性，助力高校微博的生态完善。微博作为高校政务新媒体传播的主要阵地，极大地推动了高校政务工作的进展。未来，微博也将继续发挥平台力量，秉持开放运营战略，为高校聚集更多资源，进一步放大校园的正能量声音，引领积极的社会价值取向，孵化更多的高校创业团队，成就更多高校学子的创新梦想。

二、微博思想政治教育功能

思想政治教育一方面受到社会政治、经济、文化的制约，另一方面又服务社会发展，促进社会政治、经济、文化的发展。思想政治教育的功能是思想政治教育本质的外在体现，是指思想政治教育对教育对象乃至整个社会所发生的积极独特的作用或影响。[1]微博思想政治教育基本涵盖思想政治教育的主要功能，但也具有一定的特殊性，不仅对个人和群体产生影响，还对整个社会发挥作用。

（一）导向功能

导向功能是思想政治教育的基本功能，具体包含舆论导向、目标导向和行为导向三种类型。

第一，舆论导向。改革开放以来，我国人民群众的精神文化得到充分的发展，科学、民主精神得到明显增强，价值取向向多元化发展。因此，在外来文化的干扰下，有人在社会主义发展过程中产生了迷茫和困惑，而微博思想政治教育就是引导人们的思想朝正确的、积极的方向发展，弘扬社会主义的主旋律，宣传社会主义核心价值体系，掌握舆论宣传的基调。

第二，目标导向。微博思想政治教育宣传党和国家的路线、方针、政策，帮助群众理解政策，学会用政策分析社会问题，理解和坚定"两个一百年"的奋斗目标。在工作和生活中，跟随党和国家的方针、政策制定自己的小目标来逐步实现。当党和国家、社会的大目标转化为每个受教育者的奋斗目标

---

① 张耀灿，陈万柏：《思想政治教育学原理》，高等教育出版社 2001 年版，第 69 页。

而不懈努力时，就离党和国家、社会的大目标的实现距离不远了。

第三，行为导向。道德和法律是规范人们行为的两大社会规范，而这两者都离不开思想政治教育。道德教育引导人们养成良好的道德习惯，法律教育是培养人们的法律意识。依法治国和以德治国的相互结合，促成我们良好的社会氛围和行为规范。微博通过对正面新闻的报道和负面新闻的评论引领人们朝着正能量的舆论导向前行，充分发挥微博思想政治教育的新能量。

（二）保证功能

保证功能是思想政治教育的重要功能，保证社会主义的性质和方向，保证社会主义建设的积极性。

第一，保证社会主义的性质和方向。我党在建设初期就提出"思想政治工作是经济工作和其他一切工作的生命线"的著名论断，说明思想政治教育有其他工作所替代不了的保证功能，从而确立思想政治教育在社会主义建设过程中的重要地位。是否进行思想政治教育，是关系到我们党和国家举什么旗、走什么路的原则问题。只有加大思想政治教育，才能提高人们的社会主义觉悟，坚定中国特色社会主义道路的决心，才会贯彻党和国家路线、方针、政策的实施，防止各种非无产阶级思想的侵蚀。微博思想政治教育作为政府、高校官方的发言人，理应大力宣传中国特色社会主义的建设道路和社会主义主旋律，保证社会主义现代化建设的顺利进行。

第二，保证社会主义建设的积极性。微博思想政治教育的良好开展大大调动了人民群众建设社会主义的热情，培育社会主义新的建设者和接班人，提高中华民族的思想道德素质和科学文化素质，建立良好的社会风气，扭转贪污腐败等社会不正之风，遏制思想道德观念的退化和沦丧，使中国的现代化建设沿着社会主义方向健康发展，提高人们建设社会主义的积极性和创造性。

（三）育人功能

思想政治教育是通过运用思想品德的形成发展规律培养人们的思想政治素质，不论我党提出的培育"有理想、有道德、有文化、有纪律"的"四有"新人，还是德、智、体、美等全面发展的社会主义建设者和接班人，都是以马克思主义关于人的全面发展为指导的不同表述，都体现思想政治教育的育人功能。《中共中央　国务院关于加强和改进新形势下高校思想政治工作的意见》指出，要发挥哲学社会科学育人功能。强调要加强哲学社会科学学科体系建设，积极构建中国特色、中国风格、中国气派的哲学社会科学学科体系，强化马克思主义理论学科的引领作用，支持有条件的高校在马克思主义理论一级学科下设置党的建设二级学科，实施高校马克思主义理论人才支持培养计划，积极推进学术话语体系创新，加快完善具有中国特色和国际视野的哲学、历史学、经济学、政治学、法学、社会学、民族学、新闻学、人口学、宗教学、心理学等学科，努力建设一批中国特色、世界一流的哲学社会科学学科。高校官方微博通过发布积极向上、感人励志的内容，引导大学生不断追求更高的理想，用现实中的人物和事件感染受教育者，提高他们服务社会的积极性，激发他们奋发进取的精神。微博思想政治教育者与受教育者交流的过程中营造和谐温馨的氛围，除了满足学习和工作中的知识所需，还要关注日常生活的点点滴滴，帮助他们排忧解难，聚焦他们真正关心的问题，在人文关怀中发挥育人功能。

（四）调节功能

思想政治教育的调节功能，是指通过民主的、说服教育的、相互沟通的方式，进行人的情绪调控、人的心理调适和人际关系调整，从而达到提高人的思想觉悟，建立新型的人际关系的目的，保持和促进社会的稳定与发展。①思想政治教育调节就是纠正教育的实际效果与应有效果之间的差距，经过分析找出偏差和原因，有针对性地调整相应的措施，纠正内容的偏差，改变教育方法，提高教育者的素质，使受教育者的言行、思想品德与业务结合起来，促使思想政治教育达到预期目的。微博作为受教育者一个宣泄情绪的新平台，思想政治教育需要关注受教育者的情绪，帮助他们进行有效的心理调节，以健康向上的心理状态面对社会、面对生活。微博思想政治教育同时也是各种矛盾的集散地，教育者需要在这片阵地上缓解各种冲突，化解各类矛盾，消除人与人之间的口水仗，着力构建团结、互助、平等、有爱的网络关系，处理好不同群体之间的纷争，使各个微博用户之间的交流和互动更加和谐。

（五）转化功能

所谓转化，是指在思想政治教育中，教育者通过多种方式，积极帮助人们改造思想，纠正人们既有的错误的思想认识，把它们引导、转变到正确的轨道上来。转化是思想政治教育的一个重要功能，是思想政治教育通过某种

---

① 张耀灿，陈万柏：《思想政治教育学原理》，高等教育出版社 2001 年，第 78 页。

外在力量达到改变教育对象内部状况的一种重要活动。^①这种内部状况的变化就是思想政治教育"内化"与"外化"的内在矛盾过程。一般来说，思想政治教育的开端即解决认知矛盾的问题，思想政治教育对受教育者注入新的知识以改变原有的知识结构，形成思想政治教育所期望的认知转化，"内化"为"外化"创造条件。但是，受教育者的知、情、信、意、行所组成的思想结构体系复杂，任何一环出现变动都会导致"外化"的失败。思想政治教育需要根据受教育者的个体展开相应的变化，运用理论教育、实践教育、疏导教育、典型教育、激励教育、感染教育、心理咨询、预防教育、磨练意志等方式方法，引导受教育者的错误思想转变为正确思想，抛开原有的行为习惯，"外化"于行动之中，提高受教育者的思想水平，促成良好品德的形成。

三、微博思想政治教育的发展优势

随着微博在高校政务工作中的作用力越来越明显，微博也逐渐成为高校政务发挥发声、聚合、引领价值的关键渠道。微博市场渠道部副总经理魏莉女士表示："微博已成为"90 后"大学生最重要的自我表达平台之一，年轻化趋势日益凸显。而微博也在不断地沉淀用户，助力高校官微运营，推动高校政务新媒体找准自己的价值定位，发挥责任使命，促进教育政务新媒体的发展。"《2016 中国高校政务新媒体发展报告》特别提出高校新媒体的"四力建设"——传播力、影响力、公信力、引导力。本书借用这四个建设来阐述微博思想政治教育的发展优势，有利于微博思想政治教育功能的充分发挥。

1. 传播力广

高校微博的开通，开启了高校网络互动的时代。在高校微博中，经常可以查找到学校的有关宣传信息和开展活动的内容，还不时与粉丝进行互动，增强学子们的亲切感。除了考试招生时的门庭若市，还屡屡被各种媒体引用和报道。高校微博可以把思想政治教育信息或链接放在网上，方便大学生浏览和查看；可以发布日常生活中积极向上的励志信息，引导大学生树立正确的世界观、人生观和价值观；可以设置网络问卷调查，及时了解学生们的思想动向；可以运用立体、动态的形式，吸引更多大学生的加入；可以不时发布服务公告和招聘信息，帮助大学生解决他们最关心的问题。高校微博网站中，发布者需要从大学生的实际出发，有目的、有计划地更新思想政治教育

---

① 张耀灿、陈万柏：《思想政治教育学原理》，高等教育出版社 2001 年版，第 79 页。

的内容，真实、准确地反映校园和社会的思想政治状况，从而有针对性地展开思想政治教育。

2. 影响力深

每年高校都会发布高校影响力的排名状况，高校微博发挥了重要作用。高校在用户以及社会中的信息覆盖程度，发生频次、发博次数都显著提高，上海交通大学、武汉大学、厦门大学、浙江大学、北京大学等十所院校入选年度部属高校官博传播力前十强。这些高校微博之所以能拥有深远的影响力，离不开与粉丝们的频繁互动，离不开信息的及时更新，搭建了双方更加顺畅的沟通桥梁，加深学子和母校之间的思想交流与融合，促进双方的认知和了解，克服思想政治教育传统的单调和刻板印象，从而促成人气旺盛的局面。如果没有超快的更新速度和丰富的内容，高校微博就形同虚设，缺乏人气，留言冷清，但如果只发布信息而缺少互动，也会减少关注度和影响力。

3. 公信力大

在媒体形态多样化的现代，人们沉浸在信息的浩瀚海洋中应接不暇，媒体的公信力受到前所未有的威胁。公信力是媒体必须秉承的内在品质，是媒体赖以生存与发展的核心竞争力，传谣与辟谣相灭相生。在《小康》杂志社联合清华大学媒介调查实验室，并会同有关专家及机构进行的"2016媒体公信力调查"中，受访者认为公信力最强的是电视，其次是报纸，再次是微博，广播和微信分列第四、第五位。之所以微博公信力较微信高，就是因为微博作为一个公共平台，不同观点与声音会得到一定程度的表达，互联网的自净机制就更容易发挥作用。微博实名认证功能是政府、企业、高校等权威部门发布信息的便捷途径，提升人们对官方微博的信任。因此，高校微博成为校园重大事件、科研成果、官方声明、文化活动等重大事件的"新闻发言人"。

4. 引导力强

微博的主要特点就是互动性，高校微博一改传统思想政治教育的交往模式，把藏在内心的话语以虚拟和隐蔽的方式倾诉给思想政治教育工作者，双方处在相对平等的地位进行无障碍的交流，大学生把真情实意呈现在高校微博上，教育者可以接触到受教育者的内心深处，这样的思想政治教育才更有说服力。另外，高校微博利用互联网的即时性特点，思想政治教育者能够在最短的时间内掌握受教育者思想和生活的真实状况，把最前沿和最详细的资料展示给大学生们，引导他们学习的方向和思维方式。高校微博渗透在学生的日常生活闲暇时间，开拓思想政治教育活动的方式，成为大学生广泛应用的新媒体，关注大学生生活中的琐碎杂事，使微博内容与大学生的生活息息相关，由被动接收到主动接受，找到思想政治教育和生活实践的契合点。

第三节　微博推动网络话语的流变

语言从来就不是一成不变的，它会随着社会的发展而变化。语言是时代的风向标，随着科技的迅猛发展，一大批富含群众智慧和幽默的流行语言在微博平台上悄然兴起，人们在还没有完全使用新语言的时候，新的词语又开始诞生，通过微博的广泛传播成为流行于人们日常生活的话语。

一、网络流行语的发展阶段

1. 网络流行语的兴起

网络语言是随着互联网和网络技术的产生和发展而产生的汉语的变体，是人们在网络社交中为输入便捷而对日常词语进行改造和加工的特殊信息符号，风靡于网络的沟通语言。网络流行语作为传播最广的网络语言，最早产生于各种网络论坛上。1997 年，大连金州聚焦一场关乎中国足球队能否进军世界杯的比赛，中国队虽有主场优势，却以 2∶3 输给卡塔尔。现场目睹全过程的网友在比赛结束后发布一篇《大连金州没有眼泪》的帖子，成为所有论坛转载的对象，让网友看到网络语言的重要性和影响力。1999 年，中国驻南联盟大使馆遭受以美国为首的北约轰炸，中国网民义愤填膺，纷纷在网络论坛中留下自己的豪言壮语，形成规模性的网络舆论，引起世界的关注，打通了网民抒发情感的新渠道。至此，网络语言得到网民的认同，被广大富有创造性和想象力的网友在汉语字义的基础上以谐音的方式开创新的表达方式。在论坛盛行的时期，网络流行语还未褪去稚嫩的外衣，多是谐音的替代、外词直译和旧词新义。例如，"斑竹"（版主）即管理论坛某个版块的负责人；"灌水"（"add water"的中文翻译），即发表很多没有实际阅读意义的内容空洞、毫无价值的言论。"潜水"与"灌水"意思相反，指只浏览页面，只看帖子而不发表意见，隐身登录的沉默不语者。"拍砖"指当论坛中某个人发起关于一个话题的帖子，其他网友紧跟着发起者的声音回帖，其中某个人打破这种一团和气的氛围，表达反对或相反的意见而引起的争论。"楼主"，由于时下网络流行的各大博客网站和论坛都是用主贴跟无限评论的形式与读者交流的，所以回复的消息都是按提交的时间呈阿拉伯数字排列的，被网友戏称为"楼房"。发贴人为楼房的顶端，即楼主，就是在论坛或贴吧里主题帖的发帖人。"菜鸟"来自闽南语，指刚进入某个领域，还处在适应环境、接受新事物的阶段，对某些事物操作不熟悉的代称。

这一阶段网络流行语的发展还得益于《大话西游》电影受到大学生的追捧，其中的经典片段和台词作为当时网络流行语的代表，例如："曾经有一份真诚的爱情放在我面前，我没有珍惜，等到失去的时候才后悔莫及，人世间最痛苦的事莫过于此。如果上天能够给我一个再来一次的机会，我会对那个女孩子说三个字：'我爱你'。如果非要在这份爱上加上一个期限，我希望是一万年。""打雷喽！下雨收衣服啊！""I 服了 You。"这些成为网民们家喻户晓的经典语言。

2. 网络流行语的蓬勃发展

随着互联网迈进 Web2.0 阶段，微博、博客、百度搜索等平台的建立和推广，为网络流行语的大量诞生带来肥沃的土壤。第一阶段的网络流行语没有搜索引擎的帮助，扩散较为缓慢，网友对其一知半解，不善于表达和提问的"潜水者"对网络流行语的推动没有太大的贡献。搜索引擎的出现给广大网友带来了福音，他们可以通过搜索由不知者变为熟知者和运用者，无形中扩大了网络流行语的传播范围和传播效率，满足网友对网络话语权的需求。微博、博客等即时通信的出现，为网络流行语提供更广大的传播平台，更加注重个人态度和情绪的自我表达，从初期的谐音替代到自我创造的奇趣表达，从社会热点事件的聚焦到自我娱乐的持续关注。在微博中，人们以共同的话题、相同的兴趣、相似的经历、一致的目标等方式聚集在网络中，运用新奇、有趣的网络语言，彰显自己的网络资历，成为万众瞩目的网络焦点。自 2003 年"非典"爆发开始，公众的视野转向公共领域，聚焦在社会热点上，自觉不自觉地开始形成网络舆论的监督力量，体现出网民对公民权利的争取，对社会公平的追求，对社会责任的肩负。

为了帮助理解，特列举 2005 年至 2016 年 12 年间的网络流行语(见表 2-1)。在搜索的过程中明显发现，2008 年之前，网络流行语的发展还相对缓慢，有些词语在几年内没有大的变化，而且很多流行语来源于每年的春节联欢晚会或是电影的桥段和台词，网民的创造力还没有得到充分发挥。2009 年，微博的产生和普及引领网络流行语迈进全新的发展空间，网友的想象力和创造力得到极大的发挥。自 2008 年开始，《咬文嚼字》开始对每年的网络流行语进行发布，百度对网络流行语的收录是从 2009 年开始的。自 2008 年之后，网络流行语的变化非常之快，每年网络原创的词语成为流行语的主要来源，并且有应接不暇之势，各类评选结果不尽相同，很大程度上取决于词语的使用频率、流传程度等。但是，由于新生的网络流行语层出不穷，《咬文嚼字》自 2012 年开始评选更加规范化，不止是关注流行度，对不符合构词习惯、表意不明的词语进行摒弃，例如"人艰不拆""喜大普奔"等，对低俗不雅、违背道德规范、格调不高的词语不收录，如"屌丝""蛋疼"等，对词语创新度不高、以谐音等手段创造出来的词语不选用，如"童鞋""大虾""涨姿势"等。这说明网络流行语充满新的生机，像雨后春笋般一夜涌现。因此，在各类统计中，网络流行语的出入就发生大的变化。例如，《咬文嚼字》编辑部发布的2013 年网络流行语为中国梦、光盘、倒逼、逆袭、女汉子、土豪、点赞、微XX、大 V、奇葩；而《汉语盘点》发布的结果却是中国大妈、高端大气上档次、爸爸去哪儿、我和我的小伙伴们都惊呆了、待我长发及腰、喜大普奔、女汉子、土豪、摊上大事了、涨姿势。本书主要选用的是百度百科（主要来源于《咬文嚼字》）的统计结果。

表 2-1　2005—2016 年十大网络流行语一览表

2005 年	2006 年	2007 年	2008 年	2009 年	2010 年
PK	你不是一个人	做人要厚道	打酱油	不差钱	给力
博客	我顶你个肺	沙发	很 X 很 XX	躲猫猫	神马都是浮云
神六	梨花体	寒	宅女、宅男	低碳	围脖
禽流感	人不能无耻到这个地步	百度一下	做人不要太 CNN	被就业	围观
XX 很生气，后果很严重	不仅侮辱我的人格，还侮辱我的智商	潜水	做俯卧撑	裸	X 二代
反对日本入常	大哥，我们不专业啊	顶	叉腰肌	纠结	拼爹
节约型社会	素质啊，注意素质	出来混，迟早是要还的	囧	钓鱼	控
和谐社会	额滴神啊	弓虽	雷人	秒杀	帝
海选	手榴弹要是一块钱六个，我先扔你一百块钱的	偶稀饭	山寨	蜗居	达人

续表

2011 年	2012 年	2013 年	2014 年	2015 年	2016 年
个税起征点	相当的	FB	霹雳	蚁族	穿越
咆哮体	正能量	中国梦	且行且珍惜	获得感	洪荒之力
坑爹	舌尖上	光盘	你家里人知道吗?	互联网+	吃瓜群众
亲	元芳,你怎么看?	倒逼	画面太美我不敢看	颜值	工匠精神
肿么了	中国式	女汉子	萌萌哒	宝宝	小目标
围观	最美 XXX	逆袭	现在整个人都不好了	创客	友谊的小船说翻就翻
私奔体	躺着也中枪	土豪	也是醉了	脑洞大开	供给侧
校长撑腰体	高富帅	点赞	我只想安静地做个美男子	任性	一言不合就 XX
Hold 体	赞	微 XX	有钱就是任性	剁手党	葛优躺
不管你信不信,我反正信了	压力山大	大 V	现在问题来了	网红	套路
有木有	接地气	奇葩	蛮拼的	主要看气质	蓝瘦香菇

二、网络流行语的类型

从列举出的词语可以看出,微博等自媒体的普及极大地推动了网络流行语的创新和发展,给予网络流行语蓬勃生命力以肥沃的土壤,各种网络流行语不断推陈出新。综合十几年的网络流行语,从词语的来源来看,大致可以分为关注道德权力、映射社会民生、文体娱乐作品、自我调侃恶搞等类型。

1. 关注权力道德

2003 年,"孙××事件"轰动一时,一个只因没有暂住证的大学生,三天之内被广州××街派出所扣留、被遣送到广州市收容遣送中转站、被广州收容人员救治站毒打,在社会中掀起轩然大波,引发对收容遣送制度的大讨论,促成国务院出台新的《城市生活无着的流浪乞讨人员救助管理办法》。为此,三名法学博士首次行使违宪审查建议权,以生命为代价推动中国法治进程。2008 年,汶川大地震,正在课堂讲课的范××在地震之中扔下学生逃生,后在天涯论坛发表一篇《那一刻地动山摇——"5·12"汶川地震亲历记》,引发一场关于"师德"的讨论。2009 年,"躲猫猫"一词频频出现在各种媒体上,是由于一个因盗伐林木的青年被关进看守所期间受伤，警方称其受伤是因放风时和狱友躲猫猫撞在墙上。2010 年，猫扑网描述一起校园车祸的帖子引爆网络，在河北大学内一辆黑色轿车撞飞两人，一名因抢救无效死亡，一名重伤，司机不为所动，反而继续行进，被学生和保安拦下时还嚣张地喊道："我爸是李刚"，态度冷漠高傲。"我爸是李刚"也因此一举成名，被网友用作讽刺"官二代"的代名词，也成为网络流行语"拼爹"的来源。2011 年，"7·23"甬温线动车追尾事故发生 26 小时之后，铁道部新闻发言人在官方新闻发布会上回答部分记者提问时说道："关于掩埋，后来他们（接机的同志）做这样的解释。因为当时在现场抢险的情况，环境非常复杂，下面是一个泥潭，施展开来很不方便，所以把那个车头埋在下面盖上土，主要是便于抢险。目前他的解释理由是这样，至于你信不信，我反正信了。"之后微博上网民都用"至于你信不信，我反正是信了"来表达对事故发生以后善后的质疑。

2. 映射社会民生

大众在网络中找寻到话语表达的空间，在关乎自我发展的社会民生方面给予更多的关注，从关系日常生活的物价上涨"蒜你狠""姜你军""豆你玩"，到关乎中国国际形象的"做人不能太 CNN"。"做人不能太 CNN"是网友对 CNN 报道 2009 年中国新疆乌鲁木齐"打、砸、抢"事件时严重歪曲事实真相，恶意诋毁中国，误导新闻受众，抹黑中国形象的做法的简单概括。还有网民对社会中某类群体的高度关注："宅男、宅女"（指长期足不出户的人）、"蚁族"（高学历低收入的群体）。另外，2012 年央视《新闻联播》采访街边群众捧红了"你幸福吗？"2016 年万达集团董事长王健林在接受采访中提出制定一个"小目标"，成为大众调侃的新词。网络流行语给网友们充足的发挥空间，政府也在广泛顺应网络潮流，认同公民表达观点和意见，公民的网络话语权日益趋重。例如，2010 年"给力"风靡于南非世界杯足球赛期间，几个月后就出现在《人民日报》的头版标题中。《南方周末》曾发表文章《关注就是力量，围观改变中国》，认为公民的"围观"，民意的关注，可以让良知默默地、和平地、渐进地起作用，最终会促进公权力的合理使用。除此之外，国家领导人的讲话内容和政府制定的政策也给网络流行语带来新的生机。例如 2009 年的"低碳"，2012 年宣传健康乐观、积极向上的"正能量"，2013 年"中国梦""光盘"行动。2015 年，习近平总书记在中央全面深化改革领导小组第十次会议上提出让人民群众有更多的"获得感"，在中央财经领导小组第十一次会议上提出的"供给侧结构性改革",李克强总理在 2015 年《政府工作报告》中指出全面制定"互联网+"行动计划和"创客",2016 年《政府工作报告》提倡的"工匠精神",都成为新闻媒体中的高频词。

3. 文体娱乐作品

网络流行语在发展前期与影视剧的台词密不可分,例如:电影《手机》中"做人要厚道",《无间道》中的"出来混,迟早是要还的",《天下无贼》中的"黎叔很生气,后果很严重",《疯狂的石头》中的"顶你个肺",《逃学威龙》中的"躺着也中枪",《万万没想到》中"我只想安静地做个美男子";电视剧《士兵突击》中的"不抛弃,不放弃",《武林外传》中的"额滴个神啊",《神探狄仁杰》中的"元芳,你怎么看",《蜗居》(指像蜗牛壳一样狭小的房子),"穿越"小说和电视剧、网民对青春偶像剧男女主人公概括的"高富帅""白富美",《中国式离婚》引发的"中国式过马路""中国式相亲""中国式插队"的话题讨论,等等。网络流行语很大程度上也离不开一年一度的春节联欢晚会,比如"不差钱""你太有才了""为什么呢""那是相当 XX""我骄傲""你摊上事儿了""打败你的不是天真,是无鞋",等等。在网民朋友的努力下,一些偶然的话语也会成为万众瞩目的焦点,"打酱油"就源自新闻媒体对街头路人采访关于"艳门照"事件的看法,其中一名市民回答 "管我什么事,我只是出来打酱油的"而风靡网络。红遍大江南北的韩国歌曲《江南 style》产生 "XX style" 的效应。王心凌在微博发布一张吃汉堡的宣传照,一位网友与众不同的回复"主要看气质"获得大量转发。"洪荒之力"本是电视剧《花千骨》中的一种法术,被中国游泳选手傅园慧接受央视采访时重新提到,立马引爆网络。网络游戏催生了"秒杀",蔡依林演唱歌曲《布拉格广场》中歌词"画面太美我不敢看"被反复提及,日本动漫角色中形容美少女的词语"卖萌""萌萌哒"也被借鉴而来。这都说明网友在话语狂欢的时代能够在任何领域找寻灵感,推动网络文化的兴盛。

4. 自我调侃恶搞

在网络隐匿的特征下,网民可以自由地、任意地娱乐和自创。第一,也是最早的流行词语是从谐音缩略词开始,例如,"偶稀饭"(我喜欢)、"海龟"(海归)、"520"(我爱你)、"9494"(就是就是)、"886"(拜拜了)、"GG"(哥哥)、"3Q"(谢谢)、"酱紫"(这样子)、"FB"(腐败,聚餐)、鸭梨山大(压力像山一样大)、"粉丝"(fans)、"蜀黍"(叔叔),等等。

第二，网络流行语还被网友广泛挖掘陈旧的词语给人耳目一新的解释，即旧词新用。比如，"黑马"（原意是黑色的马，现指出乎意料的优胜者）、"下课"（原意是学生上课结束，现指停止某人的工作）、"囧"（原意是光明，现在指悲伤、无奈、窘迫、尴尬的心情）、"土豪"（原意是大地主阶级剥削者，现指有钱、不理性消费、喜欢炫耀的人），等等。

第三，源自方言，例如，"雷人"（出自江浙一带的词汇，指听到别人的话很讶异或难以理解，和"无语"意思近似）、"山寨"（源于广东话，是一种由民间IT力量发起的产业现象）、"虾米"（源于闽南语的谐音"为什么"）、"蓝瘦香菇"（出自是广西南宁小哥失恋后录制视频"难受、想哭"的状态），等等。

第四，是设定格式，网友根据需要自己填写：很X很XX（很傻很天真、很黄很暴力、很好很强大等）、XX控（微博控、长发控、敲章控、圣诞控等）、XX帝（表情帝、体操帝、章鱼帝、保罗帝等）、XX达人（网络达人、理财达人、社交达人等）、一言不合就XX（一言不合就翻脸、一言不合就下跌等）。

第五，是各种语言体，即模仿某种文学或影视作品的叙述方式描述某个场景或事件，例如蜜糖体、红楼体、知音体、纺纱体、梨花体、暖心体、虚伪体、脑残体、甄嬛体、咆哮体、淘宝体、银镯体、琼瑶体、校内体、凡客体、撑腰体、马上体，等等，蹿红各种社交平台，点燃网民创造的热情。

第六，是网友的无意之举促成流行语的兴盛，诸如微博上一篇小学生作文，用丰富的想象力描述端午节由来，以"我和我的小伙伴都惊呆了"结尾，成为网友争相引用的对象。2016年，微博中出现一组名为《友谊的小船说翻就翻》的漫画，受到网民的热情追捧，此外还有"纠结""神马都是浮云""我也是醉了""整个人都不好了"，等等，成为网络最热的舆论话题。

三、网络流行语背后的民众心理——以"土豪"为例

一个词之所以能成为风靡一时的流行语，追根溯源，是因为它以民众喜闻乐见的方式呈现，能非常贴切地表达人们的内心情感。作为微博思想政治教育，必须看到网络流行语的地位和作用，对网络流行语背后的民众心理的探究，可以把握网民创造和传播过程中的行为，为思想政治教育的开展提供方向和方法，本节就以2013年网络流行语"土豪"为例进行分析，试图窥探社会民众对阶层分化的心态。

1. "土豪"反映阶层内心追求

第一，"土豪"代表着富有阶层的消费观念，这种消费就是追赶潮流的面子消费，面子就是人生的意义，只要能让"土豪"有面子，他就会为此一掷千金。消费是产品的消费，也是一种无声的对话，消费者如果拥有相同的产品，无形中就在拉近他们之间的距离。特别是经商者们，他们的配备产品就是无声的广告，比如手机、手表、皮带、衣服、车子……这些就是实力的展现，能够增加成功的砝码，有时生意就因为几件奢侈品而谈成。因为人们不会追问你资本的渠道，不会查询你的信用和账户，致使"土豪"可以肆无忌惮地炫富，即便是装也会装得有模有样。可以说，"土豪"的消费无论是偶尔还是经常的，都是在寻求富裕阶层的认可，希望能够其中一员，享受消费过程带来的满足感和认同感。

第二，"屌丝"在称呼中寻求心理平衡。"屌丝"和"土豪"是一对矛盾体，"屌丝"多用于自嘲，"土豪"常指他嘲，甚至可以说"土豪"的称谓来源于"屌丝"。他们抓着"土豪"读书少、出身不好、品味差的软肋来嘲笑，殊不知他们的羡慕已经超越了嫉妒，因为"土豪"已经率先在物质上完成了他们的梦想。"土豪"的流行首先归功于词语本身的魅力，人们对它的再次出现既陌生又熟悉，它带给人们的新鲜感，自然使它成为网络上的宠儿。其次，在于表达上的巨大张力，人们对富有阶层在消费上的豪爽无力吐槽时使用"土豪"不仅能宣泄自己的情绪，还可以表达自己对社会的态度，获得心理上的安慰和满足。最后，在于直接体现着社会阶层分化的现实。改革开放以来，中国的经济发展举世瞩目，很多人抓住良好的机遇发家致富变为新富阶层。这个阶层的人数不断增加，他们的财富也在不断积累，他们与更多没有富起来的人们比起来差距在逐步拉大。这种社会分化使大部分人始料不及，人们不愿看到本来同在一个起跑线的同胞已经把自己远远抛在身后，自己难以接受。为了表达对现状的不满，他们就把往昔"打倒土豪分田地"的梦想重提。可惜现在的"土豪"已非往日的"土豪"，我们已经不能对他们进行政治上的压迫，毕竟他们中的多数人是靠自己的勤劳、智慧、勇气致富的，但却可以使用这个词语重申自己对财富均配的愿望。

2. 映照社会现实

"土豪"是特定历史时期社会发展的必然产物，这一类的流行词可以说是中国社会的晴雨表，是社会现实的直接体现。"土豪"的出现得益于中国经济的崛起，但是面对这种突如其来的富有却不知所措，带有土气地急于证明自己的富有。他们还处在喜欢炫耀、挥金如土的状态，虽然是现在的成功人士，拥有张扬的资本，但是他们忘记了自己是改革开放的受益者，是时代和国家成就了自己。这印证了中国社会经济发展已经达到一定的程度，但是教育文化和社会文明却不够成熟，特别是贫富差距日趋严重。很多网络流行语都反映社会分层的两极化："高富帅"与"矮挫穷"、"富二代"与"穷二代"、"土豪"与"屌丝"……不仅突出身份的差异，也要对社会分层的不满，用自嘲和调侃的语气来表达对生活的无奈，用想与"土豪"交朋友来表达对社会财富均配的追求。换言之，"屌丝"何尝不想成为"土豪"？如果从阶级理论出发，"土豪"之所以会出现这种消费现象，本质在于阶层群体的划分，他们要标榜自己的与众不同，寻求阶层的认同感，因此就把精力花费在购买各种名牌上，认为只有成功人士和地位显著的人才能够享用，甚至热衷于消费限量版的东西和私人定制，认为只有这样，才能够拉大与"屌丝"的区别，才能够划分为富有的阶层。

人们对"土豪"的称谓大致经过了仇视—调侃—理性的心路历程。首先，人们对富裕人群盲目花钱并带有横行霸道的风格表示了鄙视和不满，嘲讽他们为"有钱无脑"的群体，完全戴着有色眼镜仇视、嘲笑他们，对他们的讽刺多少能平复一下自己的羡慕嫉妒恨。而"土豪们"如此消费则是为了彰显自己的社会地位，开始用大量名牌武装自己，因为"名牌可以提高一个人的身份"已经成为相当一部分人默认的共识，这就是"土豪"挥霍财富的巨大动力之一。同时，"土豪"经历了早年艰苦创业的辛酸，在成功之后努力摆阔来渲染自身的成功。

其次，人们开始把目光转向"豪"字时，开始表达自己的羡慕，隐含着"求富"的心态，特别是"土豪，我们做朋友"口号的喊出，使这种心态体现得淋漓尽致。但是人们还要维护自己的尊严："土豪"虽然有很多财富是我消费不起的，但是一掷千金的风格令我厌恶；尽管对他们的财富充满羡慕，但表面上我却要装作完全不屑，通过一系列自嘲和调侃的方式，来化解自己对物质财富无法满足的复杂心态。

最后，"土豪"走进人们的日常生活中，对词语的理解日趋理性。换位思考，如果我们有朝一日变成"土豪"，我们会首先做什么，难道不是先满足向往已久的高端物品，就像现在很多人会思考如果中了彩票的头等奖会做什么一样，我们的品味难道真比现在的"土豪"强到哪里去？当我们普遍物质生活条件提高的时候，"土豪"已不再是人们讽刺的对象，也可以是我们追求的目标和学习的榜样，甚至是人们积极向上的态度和对美好生活的期许。

3. 符合语言机制和交往的需要

"土豪"一词能够蹿红，很大程度上在于网络语言的新鲜感。"土豪"具有语义泛化的特征，即可以缩小内涵而扩大外延，形成"土豪×"的格式。人们可以随意替换填充套用，使词语本身得到巩固，同时也扩大它的流传。如今信息化社会的开放度和传播迅速是以前不可比拟的，互联网成为人们日常生活中的亲密朋友，网络媒体为了提高点击率，为使新词语成为年度的热点，以各种报道、讨论来造势，起了推波助澜的作用。词语的流行离不开人们对创新的渴望和盲目从众两种心态。现实社会中，人们想要紧跟时代的潮流，在进行语言选择时大都会采用最简最新的原则，在意思明确的前提下，为了凸显打字沟通的效率，网友会在交往中尽可能地使用最简洁、最时尚的语言。可能没有哪个时代像现在一样热衷各种"新词"和"新句"的创造，更新速度前所未见。人们已经把掌握这些"新词新句"作为追赶潮流的手段，网络交往中网民如果使用最新颖、最前卫且具有生动幽默的表达效果的词语，就会很容易扩大自己的朋友圈，更容易让朋友记住自己并乐于和自己交往，而其他人的从众行为使新词语更快地加入传播的行列，否则就会认为是跟不上潮流的人。人们在看到词语在表达上的巨大张力时，不仅可以宣泄心中的情绪，获得心理的满足，还可以表达对现实生活的态度。

4. 个人价值观与信仰的缺失

当今中国大量财富的创造、大批土豪的诞生令世人赞叹，但同时土豪们的生活质量却引人深思。很多人并没有因财富而高贵，还没有驾驭金钱和财富的能力，从出国旅游时随处可见的用醒目中文写的各种标语就可见端倪。这难道是世界对中国"土豪"的尊重吗？随着中国综合国力和竞争力的提高，国人的购买力已经使世界惊叹。在外国人的眼里，富裕的中国人是"土豪"，发展中的中国也是"土豪"，我们在不知不觉中已经"被土豪"了。因此，富裕和成功不是获得尊重的唯一要素，这个时代除了财富，还有更重要的文明、平等、和谐和尊严，我们要离开原始的物质崇拜，加强精神文化的修养，从富了口袋的基础上完成到"贵"再到"雅"的转变。这需要时间的沉淀，需要对土豪责任的建立，需要增强自信和提高修养，特别是需要树立社会责任感。否则，先富者恶劣的示范效应会越来越大，容易导致"硬实力很硬，软实力很软"的后果，中国的崛起就很难有质的超越。

"土豪"的称谓使新富阶层无力回击，证明不论是"土豪"还是"屌丝"，都对成功有了新的要求，不仅仅是物质上的富足，更重要的是对精神世界的追求。一方面，社会舆论会对"土豪"产生巨大的压力，致使他们不敢明目张胆地炫富。当一个人只是拥有巨大的财富，而没有文化上的包装时，就会被人们所鄙视，认为是俗不可耐的"土豪"，致使更多人追求更文雅、更高尚的精神世界。我国经济社会的发展促使大众的价值观产生变化，财富已然不是优质生活的唯一标志，单纯的经济富有已经不能满足人们，他们对物质崇拜的基础上又要求着文明、品味、关怀、修养等文化自信，肤浅粗鄙俗气的行为被越来越多人唾弃和鄙夷。这种公民意识的提升有助于我国核心价值观的重塑，有助于提升我国的综合实力。网络流行语的层出不穷本身就是人们创新思想的体现，是人们对精神文化追求的体现。另一方面，对真善美的内在追求是每个人的向往。人们刚开始对"土豪"的仇视促使很多有钱人不敢高调和张扬，但随着人们的态度由仇富转变为包容和接纳，甚至对社会的两极分化开始表现得无所谓，就说明人们已经逐渐看淡物质财富对一个人成功的意义。他们不只是在物质上进行攀比，还把目光投向精神文明的构建和自身修养的完善，用正能量来面对"土豪"，和知识做朋友，和理想信念做朋友，和友善、文明做朋友，和奋发图强做朋友，和爱国奉献做朋友……这样，我们才能真正地构建和谐社会，真正地实现中华民族的伟大复兴。

四、理性对待网络流行语

既然有流行就必然有过时，网络流行词虽然不能长久永存，但它折射的时代精神风貌的文化现象却耐人寻味，这是中国现实社会的反映。盛行的流行语，在经历了明星般的闪耀和追捧之后，不可避免地会走向由盛转衰的局面。因此，对待网络流行语，我们必须认清它的特质。

1. 通过网络流行语体察舆情民意

网络流行语是大众文化的重要组成部分，要想维护和整合大众文化，就必须了解丰富多彩的网络流行语。首先，网络流行语反映民众对政府的监督。我国处于社会转型时期，也是社会矛盾的高发期，如果在这个过程中没有处理好各方利益，很多网络流行语就会以简洁婉转的方式来表达人们的思想和态度。这是人们对特定社会事件的自由的言论表达，也是人们民主法律意识的体现，促进政府工作的公平、公正、公开，使社会更加和谐。其次，网络流行语反映人们的诉求。网民拥有无穷的聪明智慧，流行语的创造就是巧妙地表达社会现实的真实写照，社会管理者可以通过多关注网络流行语，来了解民情民意，特别是一些带有不良情绪的流行语。当人们面对网络这个虚拟化的平台时，身份和地位的差异顿时消失，可以尽情地释放自己的本心，发泄内心的不满，甚至是运用幽默风趣的词语自嘲或调侃他人，尽力在平等的交往中达到放松自己、娱乐他人的效果。最后，网络流行语反映人们的社会心理。社会心理取决于生活实际，是在潜移默化中形成的思维定势，网络流行语是人们对现实社会的主观表达，真实地展现人们的内心世界、社会情绪。因此，我们完全可以通过网络流行语来探究民众的社会心理。"微时代"的到来，人人都可以成为网络流行语的创造者和传播者，人们的主体意识也不断增强，对社会生活的各个层面都有自己的理解和评判。网络流行语作为一种能在一定程度上反映大众心理、心态变化的语言，对我们分析人们社会心理变化的情况和预测变化趋势有不可估量的作用，有利于我们正确引导人们的心态向健康、向上的方向发展。

2. 正确辨识传播网络流行语

作为特殊文化载体的网络流行语，映射出现实社会生活的文化特征，在社会文化发展过程中起着不可忽视的作用。网络流行语因其简洁、生动形象的特点，大大提高了交流的效率，表达着更丰富的内涵。比如"我真的是醉了"，寥寥数字，可以代表不同的语境和心态，满足快节奏生活中网民的需求，减少了网友在时空上分隔的距离感。甚至很多词语由网络社交平台转向正式的社交领域，包括党报和期刊以及领导人的发言，这有利于交流过程中的感情共鸣和认同感的产生。网络流行语不仅描绘出人们内心深处的"权利焦虑"，而且流露出网民对公权的质疑和讽刺，以及对关乎公共利益的真相的期盼和渴求。① 因此，我们应该思考这些网络流行语的语境和场合，运用理性的思维参与网络传播，提升自身的媒介素养，增强认知和辨识能力。不能是盲目的从众行为和毫无意义的娱乐，要警惕网络水军的侵袭，运用积极向上的思考对待网络流行语，加强对网络流行语的规范学习，提升自身的鉴别能力，把握恰当使用的分寸。语言是一种文化，网络流行语不但应该带给大家娱乐和新鲜，更应该能够树立正确的价值观，顺应主流文化。这就要求我们必须在

---

① 姜胜洪：《当前我国网络流行语中的舆情分析》，《未来与发展》，2010（6）。

观念上引导民众文明使用网络流行语，杜绝低俗的语言交流，创造传播积极健康网络流行语的良好环境，抵制不文明的语言现象。

3. 网络流行语的未来走向

语言是社会发展的产物，是人们社交的主要工具，它随着社会的产生而产生，随着社会的发展而变化。时代在前进，人们的思想也在不断进步，就连语言词汇也不例外。一些词汇在消亡，一些词汇在产生，带着这个时代深深的烙印。网络流行语具有爆发性的特征，流行周期短，具有很强的时效性。很多流行语都是在数以亿计的网友无意中创造出来的，在相当短的时间内风靡网络，流行范围广，传播速度快，使用频率高，但是流行周期短，大都经过大家耳熟能详的过程后就逐渐淡出人们的视野。这从每年由网民评选出的"十大网络流行语"可见端倪，今天也许还在受到众人追捧，明天可能就被新的词语取代，很难保持旺盛的生命力，甚至如同昙花一现。从以往的例子来看，热门的网络词汇是可以传承下来的，如最早网络兴起时流行的热词"菜鸟"和前几年非常流行的"囧"等。作为网络流行词汇，最终也逃脱不了由盛转衰的局面，虽然短时间内生命力极强但并不能长盛不衰，只要能够起到良好沟通和交流的效果，我们可以给它足够的发展空间，用时间来检验其生命力。网络流行语是信息化时代的产物，在我国的发展不过十几年的时间，新颖、简洁、生动、幽默的表达效果是其大红大紫的重要原因，但还处于零散无序的阶段。网络流行语要想被社会选择并留存下来，必须形成完整的体系，将符合民族认知心理和交往需要的、健康向上的、对语言发展和社会发展有利的词语进行整理、规范，制定相应的标准、管理细则并加以引导，重塑良好的网络风气，使网络流行语慢慢地具有正能量。

第三章
微信：打开高校思想政治教育的新门户

"微时代"悄然改变网络大众的生活方式和思维习惯，思想政治教育面临严峻的挑战，结合中国互联网络信息中心发布的系列报告和高校思想政治教育的实际，创新思想政治教育路径已经成为当务之急。教育者需要转变教育理念，学生需要提升媒介素养，学校需要加强监督管理，思想政治教育需要创新发展模式，使高校思想政治教育在新形势下得到更好的发展。

第一节　微信概述

一、微信简介

1. 微信的发展历程

微信（WeChat）是腾讯公司于 2011 年 1 月 21 日推出的一个为智能终端提供即时通讯服务的免费应用程序，支持跨通信运营商、跨操作系统平台通过网络快速发送免费（需消耗少量网络流量）语音短信、视频、图片和文字，同时，也可以使用通过共享流媒体内容的资料和基于位置的社交插件"摇一摇""漂流瓶""朋友圈""公众平台""语音记事本"等服务插件。微信由深圳腾讯控股有限公司（Tencent Holdings Limited）于 2010 年 10 月筹划启动，由腾讯广州研发中心产品团队打造。该中心经理张小龙所带领的团队曾成功开发过 Foxmail、QQ 邮箱等互联网项目。腾讯公司总裁马化腾在产品策划的邮件中确定了这款产品的名称叫作"微信"。

2011 年 1 月 21 日，微信发布针对 iPhone 用户的 1.0 测试版。该版本支持通过 QQ 号来导入现有的联系人资料，但仅有即时通讯、分享照片和更换头像等简单功能。在随后 1.1、1.2 和 1.3 三个测试版中，微信逐渐增加了对手机通讯录的读取、与腾讯微博私信的互通以及多人会话功能的支持。截至 2011 年 4 月底，腾讯微信获得了四五百万注册用户。2011 年 5 月 10 日，微信发布了 2.0 版本，该版本新增了 Talkbox 那样的语音对讲功能，使得微信的用户群第一次有了显著增长。2011 年 8 月，微信添加了"查看附近的人"的陌生人交友功能，用户达到 1 500 万人次。到 2011 年底，微信用户已超过 5 000 万人次。2011 年 10 月 1 日，微信发布 3.0 版本，该版本加入了"摇一摇"和漂流瓶功能，增加了对繁体中文语言界面的支持，并增加了中国港、澳、台地区和美国、日本的用户绑定手机号。2012 年 4 月 19 日，微信发布 4.0 版本。这一版本增加了类似 Path 和 Instagram 一样的相册功能，并且可以把相册分享到朋友圈。2012 年 4 月，腾讯公司开始作出将微信推向国际市场的尝试，为了微信的欧美化，将其 4.0 英文版更名为"WeChat"，之后推出多种语言支持。2012 年 7 月 19 日，微信 4.2 版本增加了视频聊天插件，并发布网页版微信界面。2012 年 9 月 5 日，微信 4.3 版本增加了摇一摇传图功能，该功能可以方便地把图片从电脑传送到手机上。这一版本还新增了语音搜索功能，并且支持解绑手机号码和 QQ 号，进一步增强了用户对个人信息的把控。2012 年 9 月 17 日，腾讯微信团队发布消息称，微信注册用户已破 2 亿人次。2013 年 1 月 15 日深夜，腾讯微信团队在微博上宣布微信用户数突破 3 亿人次，成为全球下载量和用户量最多的通信软件，影响力遍及中国、东南亚国家和部分西方国家。2013 年 2 月 5 日，微信发布 4.5 版。这一版本支持实时对讲和多人实时语音聊天，并进一步丰富了"摇一摇"和二维码的功能，支持对聊天记录进行搜索、保存和迁移。同时，微信 4.5 还加入了语音提醒和根据对方发来的位置进行导航的功能。2013 年 8 月 5 日，微信 5.0 for ios 上线了，添加了表情商店和游戏中心，"扫一扫"（简称"313"）功能全新升级，可以扫街景、扫条码、扫二维码、扫单词翻译、扫封面。同年 8 月 9 日，微信 5.0 Android 上线。2013 年 12 月 31 日，微信 5.0 for Windows Phone 上线，添加了表情商店、绑定银行卡、收藏功能、绑定邮箱、分享信息到朋友圈等功能。2014 年 1 月 4 日，微信在产品内添加由"嘀嘀打车"提供的打车功能。2014 年 1 月 28 日，微信升级为 5.2 版本，Android 版界面全新改版。2014 年 3 月，开放微信支付功能。2014 年 3 月 24 日，电脑管家牵手微信上线聊天记录备份功能。2015 年 1 月 21 日，微信在 App Store 率先上线了 6.1 版，新版增加了"附件栏发微信红包""更换手机时，自定义表情不会丢失""可以搜索朋友圈的内容和附近的餐馆"三大功能，还有安装之后的开场幻灯片——统计你过去一年"送出的赞"以及"收获的赞"。2017年2月，Brand Finance发布2017年度全球500强品牌榜单，微信排名第100。通过为合作伙伴提供"连接一切"的能力，微信正在形成一个全新的"智慧型"生活方式。其已经渗透进入以下传统行业，如微信打车、微信交电费、微信购物、微信医疗、微信酒店等，为医疗、酒店、零售、百货、餐饮、票务、快递、高校、电商、民生等数十个行业提供标准解决方案。①

2. 微信的使用现状

中国互联网络信息中心（CNNIC）发布的《第39次中国互联网络发展状况统计报告》显示，2016年，网民在手机端最经常使用的APP应用是即时通信，用户规模达到6.66亿人次，较2015年底增长4 219万人，占网民总体的91.1%。微信朋友圈作为即时通信工具所衍生出来的社交服务，用户使用率达到85.8%。从用户特征来看，微信朋友圈用户渗透率高，除低龄（6～9岁）、低学历人群（小学及以下学历）外，各群体网民对微信朋友圈的使用率无显著差异。

企鹅智库和中国信息通信研究院产业规划研究所联合发布2016版《"微信"影响力报告》。数据样本来自覆盖全国40 443名网民和全国1 101名电话用户的网络调研和电话调研，采取分层随机抽样，均确保调查结果置信度为95%，误差范围控制在5%以内，研究对象为微信大众用户、微信企业和行业用户及微信具体业务。微信在2010年11月启动，2011年1月正式发布，2012年4月微信朋友圈上线，2012年7月微信公众号上线，2013年8月微信支付上线，2014年微信企业号上线，2014年12月覆盖城市服务……微信已经迈入第六个年头。它从最初的社交通讯工具，成长为连接人与人、人与服务、人与商业的平台。截止到2016年2月，微信的月活跃用户达到6.5亿人次，微信支付累计绑卡用户数超过2亿个，汇聚公众账号超1 000万个，公众号日提交超70万条群发消息，企业公众账号已达65万个，城市服务已上线16省78个城市，2016年春节除夕夜一天收发红包总量达80.8亿个。由此可见，微信作为连接器，通过开放合作，带动各个领域全面升级，影响力的提升毋庸置疑。微信用户中男性用户较女性多，达67.5%，六成以上的用户每天打开微信超过10次，每天超过30次的重度用户占36%。每天大约55%的用户使

---

① 百度百科：http://baike.baidu.com/link?url=N35RP6CuquyOcYSVNiBPIiVCy2rFh ZUFwAyvxUbOysEoFIl0oI9fC1a9SB0D3Sh2lJy9_qBVo5eIi7kpSZaVVUquJAoQunl WWESgxYo9IqW.

用微信超过 1 小时，使用时长超过 2 小时的用户，占比 32%，在用户黏性上，微信在用户整体使用频率和时长上都显示强大的能力。半数以上的微信用户拥有超过 100 位好友，拥有 200 位以上的好友的用户占比 28%，用户的好友数分布趋于均匀，且好友数更多的用户占比明显增加。在微信功能的调查中，朋友圈、收发消息和公众号排名前 3 位，分别占比 58%、53.5% 和 39.8%。调查显示，刷朋友圈已经成为网民社交的强大需求，超过八成的用户是朋友圈的高黏度使用者，其中 61.4% 的用户几乎每次使用微信都会同步刷朋友圈，从来不看朋友圈的微信用户只占 1.3%。在朋友圈信息流中，用户更关心好友发布的生活状态，关注度占比超过六成。转发内容的关注度相对较低，占比约 30%。调查的近半数用户，会因为文章有价值而转发到微信朋友圈，趣味性和情感触动也是引发媒体文章被转发的重要因素。74.2% 的微信用户获取咨询的方式是微信公众账号，约 3/4 的用户认为这是关注微信公众账号的主要目的；而排在第二位的需求是了解企业动态和商户优惠，占比 41.9%。近一半的微信读书用户认为，使用后自己的碎片时间得到更充分的利用，41.8% 的用户因此丰富了朋友圈分享内容，35.8% 的用户阅读量得到提升。微信公众号中有 72.7% 的运营者为企业和组织机构，84.7% 的运营者使用公众账号的主要用途是信息发布，64.1% 用于营销宣传，45.8% 的用途是与客户互动。随着公众账号后台的升级，公众账号的用途日益多元化。

因此，微信基于用户黏性，以社交为起点，延伸出更多的服务领域，微信朋友圈已经成为手机用户社交的主阵地，表现为高频、点赞活跃、喜爱围观好友生活状态的行为特点。微信利用朋友圈活跃优势，尝试提供更多的社交玩法和商业化方式，如短视频、红包照片、朋友圈广告等。以微信为代表的社交平台成为新的媒体传播的核心渠道，媒体消费场景全面"移动化"，新闻广度（新闻 APP）+新闻过滤（微信等社交平台）成为网民获取新闻的"左右手"。微信已经基本完成从社交平台向多维度服务平台的延展，在高度碎片化的生活节奏中，微信读书的服务正在让碎片时间增值。

二、微信的功能与特征

（一）微信的功能

微信之所以能够受到广大用户的追捧和好评，最主要的原因就是其拥有强大的功能。微信的功能分为基本功能、交友功能、信息推送功能、生活服务功能等。

1. 基本功能

微信的基本功能包括聊天、添加好友和实时通话功能。首先，聊天功能是微信最基本的功能之一，可以是一对一的实名聊天，也可以是一对多的群体聊天，聊天对象的丰富性是微信深受广大网友欢迎的主要原因。网友可以通过"QQ 好友""手机联系人""附近的人""摇一摇"等方式添加实名注册的朋友，让聊天对象具体化，更有指向性。一对多的聊天可以是一群志同道合或因某种原因聚集在一起的朋友组建的聊天群，聊天内容只有所在的群体可以看到，在群聊中可以畅所欲言，增加信息传送的即时性。添加好友的方式多种多样，可以查找手机号、通过 QQ 添加、手机联系人、二维码扫一扫、摇一摇、微信名片、漂流瓶等方式查找和添加好友，最大范围地扩展交友的空间。实时通话功能，即对讲机的即时语音聊天功能，微信用户可以通过"按住说话"的按钮用真实话语录制语音并发送，如果录制过程不满意还可以拖动取消，彻底摆脱面对机器面前的寒冷，送以心灵上的温暖，超越对讲机不能记录的缺陷，在群组中不因组建人的关闭而终止聊天，微信 4.0 及以上版本还可以多人实时语音聊天和视频聊天，在语音和视频聊天中进行切换。

2. 交友功能

微信支持文字、图片、视频等方式实现信息的传输和共享，打破时间和空间的限制，使信息资源不再成为权威人物的独享，用户之间交往日益密切。首先是基于熟人的朋友圈。被微信用户戏称为"万能的朋友圈"，可以凭借自身的喜好向亲朋好友分享加以文字、图片、表情、音乐、语音、视频的心情、感悟、状态、生活等等，与好友进行互动，以得到更多用户的评论和点赞为微信交际能力强的表现。但为了减少用户的浏览时间，节约查看的流量，微信规定发布在朋友圈的纯文字信息在 650 字以内，发送图片一次最多不超过 9 张，发布小视频时长最多 6 秒，语音录制不超过 60 秒，更方便随时随地分享现实的生活状态。微信创新了视频和语音的发送模式，面对冷冰冰的屏幕也能够感受到好友的情感和温度，微信好友可以对你所发的信息进行即时点赞、转载、评论。在微信群聊时，用户可以随意组建各种交流群，在群里可以自主选择聊天对象，扩大交友途径。在朋友圈中，微信实现最大化的互动和交流，可以通过手机通讯录和 QQ 好友导入和添加好友，微信已经成为找寻熟人的最好途径。对于陌生人，可以通过微信"摇一摇""查找附近的人"和"漂流瓶"的功能来添加，使微信朋友圈的人脉网不断扩大，增强微信用户的交友能力。微信"摇一摇"是一种随即交友的应用，通过摇动手机或点击按钮模拟摇一摇，就能够匹配到同一时段触发该功能的微信用户，从而增加用户之间的互动和微信黏度，利用缘分来添加好友。"查看附近的人"是微信 LBS 功能（基于确定位置的服务）的另一种体验，会根据您的地理位置找到在用户附近 1 000 米范围内同样开启本功能的人，显示头像、昵称、地区、个性签名、相册及距离，自由选择是否添加好友。"漂流瓶"是针对喜欢浪漫邂逅的用户开发的应用，密封在漂流瓶包含着重要的信息和衷心的祝福，被使用者扔到浩瀚的虚拟海洋中，期待同样使用漂流瓶功能的用户捡到，去除地域的限制，在世界范围内随机查看陌生人的话语，具有一定的神秘性和新鲜感，是一种匿名交友的方式。

3. 信息推送功能

微信公众平台主要有实时交流、消息发送和素材管理的功能。用户可以对公众账户的粉丝分组管理、实时交流，同时也可以使用编辑模式和开发模式对用户信息进行自动回复。当微信公众平台关注数超过 500，就可以去申请认证的公众帐号，用户可以通过查找公众平台账户或者扫一扫二维码关注公共平台。信息推送则是公众平台的主要特色之一，采用文字、图片、语音、订阅号等及时发送信息，每天持续性地推送用户筛选、感兴趣的内容，包括个性签名、群发信息、周边推送、服务号推送、订阅号推送、腾讯新闻等方式。任何个人和企业都可以打造自己专属的微信公众号，向所有的关注者推送精挑细选的文字、图片、语音等，微信用户可以从中选择自己感兴趣的服务号、订阅号和企业号。服务号的运营主体是组织，一个月内可以发送四条信息；订阅号的主体是组织或个人，可以每天向订阅用户推送一条信息；企业号是用来管理员工、推介商品、宣传服务的窗口，提高信息的沟通效率。

4. 生活服务功能

微信支付是集成在微信客户端的支付功能，用户可以通过手机完成快速的支付流程。微信支付向用户提供安全、快捷、高效的支付服务，以绑定银行卡的快捷支付为基础。微信支持支付场景包括：微信公众平台支付、APP 支付、二维码扫描支付、刷卡支付，用户展示条码，商户扫描后，完成支付。用户只需在微信中关联一张银行卡，大多数银行无需开通网银，只要拥有预留手机号码，完成身份认证，即可将装有微信 APP 的智能手机变成一个全能钱包，之后即可购买合作商户的商品及服务。用户在支付时只需在自己的智能手机上输入密码，无需任何刷卡步骤即可完成支付，整个过程简便流畅。自 2014 年 9 月 13 日，微信支付电商平台不再缴纳 2 万元的保证金之后，微信支付的门槛大大降低，更多的商家和企业等微信服务号在申请微信支付功能。微信支付渗透到人们生活的各个角落，极大方便人们的出行，无现金的支付时代悄然开启。

休闲娱乐服务是微信通过网络链接分享和获取听音乐、看电子书、观视频、读新闻、发表情、玩游戏，扩展微信用户的碎片化时间，给用户闲暇时间带来最多的选择，最大限度满足人们生活中的各种需求。例如，微博阅读可以用微信来浏览腾讯微博内容；流量查询可以随时查看微信的流量动态；游戏中心可以和好友一起玩游戏；群发助手可以把消息发给多人；私信助手开启后可以接受来自 QQ 微博的私信并直接回复；QQ 邮箱提醒开启后可以接受来自 QQ 邮箱的邮件并直接回复或转发；语音提醒可以告诉对方提醒打电话或查看邮件；账号保护可以用最简单的步骤绑定手机号码；LBS 位置定位获取天气预报、快递单号查询、手机话费充值等。除此之外，还能查询打车信息、理财投资、精选商品、微信红包等便民服务。微信能够以最便捷的方式服务我们生活中的点点滴滴，最人性化的服务感动我们日常的平淡小事，是博得微信用户好感的成功手段，吸引着国内外的人士不断加入庞大的使用队伍中来。

（二）微信的特征

1. 运营兼容性强

微信随着版本的不断更新，各种功能越来越丰富，系统越来越完善。从微信的运营商来看，微信可以支持国内的三巨头——移动、电信、联通，适合 WIFI、2G、3G、4G 数据网络，还延伸到世界各地。从微信的版本来看，微信拥有 IOS 版、Android 版、Windows Phone 版、Blackberry 版、Symbian 版、诺基亚 S40 版、S60V3 和 S60V5 版等，几乎能够匹配所有的智能手机的不同系统。从语言设置来看，微信 3.5 版本发布后，可用以支持 100 多个国家的手机号注册。国外对微信的认可度逐步提高，已经在 27 个国家的 App Store 上荣登榜首，支持的语言有简体中文、繁体中文、英语、韩语、日语、法语、德语……因此，只要成功注册微信用户，不论电脑网页还是手机平板，不论在中国还是在国外，不论使用何种网络，都可以成功使用微信进行操作。

2. 多重社交关系

微信给用户在社交领域以全新的感受，不但能够拥有熟人社会的关系网，还能够寻找志趣相投的有缘人；不仅可以与某个人畅所欲言，也可以和一群人高谈阔论，用户可以自由选择聊天的对象和内容。在微信复杂的关系网中，可以分为两类社交圈：熟人关系社交圈和陌生人关系社交圈。首先，熟人关系社交圈的好友多是亲人、朋友、同学、同事等关系，大多是 QQ 好友和手机联系人，在彼此都熟识的基础上进行沟通，进一步增强双方的感情黏性，成为微信中最稳定、交往最频繁的社交圈。微信支持多人共同聊天，每个用户都可以拉好友组建讨论群，在不同场合、时间与不同的群进行对话，有工作群、小组群、家人群、同学群、寝室群、闺蜜群、爱好群、娱乐群、影视群、饭局群，等等。微信在不同群体沟通过程中还注重信息的私密性，不是好友的用户在共同好友中不能看到互动的内容，发布信息还可以设置部分好友的查看权限，给熟人社交圈更多便利的话语空间。陌生人关系社交圈是通过"摇一摇""查看附近的人"和"漂流瓶"等方式以神秘和期待的心情来交往陌生人。查看附近的人能够方便结识生活周围的朋友，摇一摇以一种有缘的方式拉近陌生人之间的距离感，漂流瓶则将社交圈扩大到使用的任何一个角落。微信的多种社交功能满足不同人群的需求，选择适合自己的方式进行交友。微信能够灵活地组合信息内容和方式，还增添深受用户喜爱的表情和动画，给用户之间的互动增加很多乐趣。

3. 用户通讯成本低

微信软件，不论是电脑网页、平板还是手机 APP 本身下载都是免费的，最多的支出就是上网的流量费用。而且因字数限制、视频大小限制、语音时长限制等规定，微信的流量消耗较小。发送 1 000 条文字消耗 1 M 的流量，发送一张图片消耗 50～200 K，发送每秒语音消耗 0.9～1.2 K，在后台运行时一个月也就消耗 1.7 M 的流量，每月最多不超过 3 M。当处于免费 WIFI 环境下，基本没有任何的费用，并且任何功能都没有收取费用，无疑成为没有收入来源或经济没有独立的人的首选，特别受到青少年的喜爱。

4. 信息聚合能力强

微信相比其他媒体拥有文字、图片、语音、视频等多种格式的传播，使人与人的沟通带有更多的娱乐性、真实性，迎合现代社交网络中"有图有真相"的理念和风格。再加上熟人关系社交圈的稳定，用户对朋友圈发布的信息信任度比较高,传播的内容更加可靠、真实。微信朋友圈是基于熟人建立的,信息的传播具有巨大的凝聚性,从自我为中心不断向外扩散,就像石头扔进水里泛起的涟漪一样逐层向外传递,受到影响的面积在不断扩大。同时,微信还有一定的私密性,发布的信息在陌生人朋友圈里不显示,避免个人隐私泄露,提高传播的质量和效果。微信也是人们个性的集中体现,每个用户可以在微信平台上释放自我,放飞思想,很容易找到志同道合和经历相同的群体,对信息传播起到无形的推动作用,促成消息被"疯狂转载"的现象。

5. 推送信息具有针对性

微信公众号给个人和企业提供发表言论、宣传理念、推介产品、生活服务等内容的平台。这种推送是由订阅人主动建立的,自我选择的结果具有很强的针对性,是订阅人自愿查看的,方便公众号把信息发送给适合的人群。微信公众号设计人性化,只需长按或者扫描二维码就可以成功添加,只要点击取消关注就可以成功删除,简单的操作使用户愿意了解不同公众号的内容,形成具有一定影响力和凝聚力的平台。微信还可以跨平台完成微信参与、微淘购物、网银安全支付等一系列网络活动,给用户生活带来极大的便捷。

第二节　高校微信的思想政治教育

一、高校微信公众平台

根据腾讯公司公布的 2016 年业绩报告显示,2016 年中国微信公众号数量超过 1 200 万个,相比 2015 年增长 46.2%,80% 的用户关注了微信公众号。[①]腾讯公司专为高校微信公众号设计腾讯微校的第三方工具,目的是为全国 3 000 多万名高校师生提供最卓越的服务和体验,帮助解决高校公众号功能缺失、运营吃力的现象,主要推出微报名、微上墙、微海报等功能,目前高校的公众号超过 6 万个。每年腾讯微校都会公布高校公众号排行榜,是由系统自动计算进行排名,由运营特色、粉丝规模、文章质量、互动形式等模块进行评价。腾讯微校发布的 2016 年全国高校公众号年度排行榜中,西安交通大学、厦门大学、重庆大学在 6 万多个高校公众号中脱颖而出,摘得前三甲。

---

① 2016 年微信用户数据统计: https://sanwen8.cn/p/4812hie.html。

　　西安交通大学打造"有料、有趣、有用"的微信公众号，用贴近时代、贴近生活、贴近师生的内容和风格俘获了广大粉丝的"芳心"。"有料"，第一时间发布学校重磅"大事"，传递交大声音；"有趣"，丰富的"图文视声"表达形式，传播交大形象；"有用"，集合师生、校友关切资讯，传扬交大文化。厦门大学的微信公众平台关注校园热点，加强与国内高校的互动合作，在坚守与温情中不断前进。厦门大学于四川大学校庆之际推出图文《谨以此文献给厦大第一CP》，为川大送去祝福，该推文阅读量突破十万；于台风莫兰蒂后推出《厦大中秋|今晚是个平安夜》《图集|我们的厦大，由我们来守护》等抗灾主题图文，展现厦大速度，传达风雨中的温情，阅读量持续走高。重庆大学图文直播4月春运会，官方报道6月毕业典礼与9月开学典礼的盛况，航拍直播11月万人双选会。①

　　除此之外，华南理工大学密切结合校内外热点制作相关内容、复旦大学以虚拟形象小萌宠游遍校园、兰州大学积极促进校友联系、武汉理工大学积极开展线下活动、杭州电子科技大学服务号"杭电助手"推出的社团招新系统、重庆邮电大学服务号"重邮小帮手"以"学习+生活"为需求的查询服务栏目、武汉大学服务号"武大助手"为73%的在校学生提供日常服务、四川西南航空职业学院以每天四条推文的速度不断坚持，等等，都让阅读者惊喜不断。

　　从一年一度的高校公众号排行榜的激烈程度就可看出，高校在微信公众平台上已经发挥了不小的力量，高校的宣传主阵地已经转移到微信公众平台上。微信近几年备受高校宣传部门和学生社团的关注，不乏亮点突出、点击量超群、关注度惊人、定位新颖、版式独特、制作精良的微信公众号涌现。纵观排名靠前的学校大都由党委宣传部、团委、教务处、信息中心等带头，体现出学校和个人的风格，内容涵盖学校的校园新闻、领导工作、科研创新、学校动态等常规新闻。高校微信公众号还囊括师生故事、话题交流、新闻策划、高清组图、文案策划等新内容，已成为学校和师生之间感情交流的纽带。它以接地气的形式拉近师生之间的距离，在细致入微的内容中渗透思想政治教育，强调"舆论阵地、精品内容、传播价值、师生助手"为主要目的，以服务的姿态宣扬学校主旋律，针对校园生活的点点滴滴原创出新的内容和故事，获得了高的转发率和高点赞。

---

　　① 高校公众排行榜：http://weixiao.qq.com/rank/rank_2016。

二、微信作为思想政治教育载体的优势

思想政治教育载体是思想政治教育的基本要素之一，是实现思想政治教育目的的中介和手段。思想政治教育载体有其独特的结构、类型、特征、功能和使用方法。所谓思想政治教育载体是在思想政治教育工作过程中，承载教育因素的工具性事物。它具有功能性、对象性、属人性。它的功能性表现在能够承载教育因素发挥教育作用。它的基本功能是承载和传输社会要求的政治、思想和品德价值与规范，促进受教育者接受所承载和传输的内容，形成相应的政治、思想和品德。它的对象性表现在它只有与思想政治教育因素建立承载关系，才可称为思想政治教育工作载体，其功能只有在与思想政治教育因素的关系中才能够表现出来。它的属人性表现在，它是为了实现教育目的而被利用或被创造的，它与教育工作主体的关系是利用工具关系。①毋庸置疑，微信已经成为思想政治教育的新载体，在思想政治教育载体的功能性上进一步扩展影响力，在对象性上进一步增强针对性，在属人性上进一步加大互动性。

1. 增强思想政治教育的影响效果

微信中的资源和信息让人应接不暇，涵盖经济、政治、文化、教育、科技、军事、心理、体育、娱乐等生活的方方面面，拥有文字、图片、声音、动画等多种呈现方式，满足大学生自由独立的需求，提升各种互动联系的深度和广度。微信朋友圈符合大学生的交友习惯，对信息具有共享性，通过朋友圈的分享和群组的联系来发现趣味相投的伙伴，全方位、立体化地沟通，共同做出决策，体现集体的力量。微信公众平台形式多样，把生活各个角落的内容都融合在思想政治教育中，虚拟的网络已经开始回归到现实生活，悄悄影响着大学生的世界观、人生观和价值观。微信公众平台的资源承载着丰富的内容，受众的人数、层次和范围都和传统媒介不可同日而语，再加上不受地域和时间的限制，高校各种信息和思想政治教育内容得到良好的传播。无疑，阅读量已经成为高校微信公众号影响的重要评价标准。

例如，武汉理工大学发布的《今天理工人朋友圈中的网红食堂》阅读量破 7 万；深圳大学发布的深大故事等功能的单个访问次数达 10 万余次；华南理工大学接力《南山南》的华南理工版阅读量达到近 7 万次；中山大学持续

① 陈秉公：《21 世纪思想政治教育工作创新理论体系》，吉林教育出版社 2000 年版，第 459 页。

关注青年的话题总阅读量达到 176 万次；厦门大学在四川大学校庆之际送去祝福，推出图文《谨以此文献给厦大第一 CP》，斩获十多万的阅读量；西北农林科技大学一篇图文《西农下了一场樱花雨》阅读量突破 10 万次；武汉大学全年推送的平均图文阅读量达到 1.6 万次，等等。这些都体现出大学生的阅读、接受信息的领域已经向微信公众平台聚集。微信已经成为影响大学生思想政治教育的主要阵地，思想政治教育者必须在这个阵地上播好思想政治教育的种子。在快节奏的社会环境下，大学生的生活和学习压力前所未有，再加上独生子女的身份，他们急切希望结交到志趣相投的好友，希望得到他人的肯定和认同，希望倾诉内心的真实话语，希望彰显自我个性。微信的熟人社交圈和陌生人社交圈的分类成为他们自我宣泄的新途径，在熟人社交圈可以联络感情、增进友谊，在陌生人社交圈可以放飞自我、张扬个性。

思想政治教育面对新形势，需要对教育内容进行重新思考，理性判断，运用新的方式开发思想政治教育的内容，充分结合微信账号的活跃程度提供大学生精神给养，使教育内容更加形象化、立体化、情景化。例如，2016 年高校微信订阅号第一名的西安交通大学在版块设置上有"有趣""有料""有用"等，分别吸引不同兴趣爱好的大学生关注和阅读，无形中宣传学校的文化，这种贴近师生的内容和风格得到师生们的一致好评。复旦大学则重磅推出热爱校园的主题，在建校 111 周年之际，微信公众号策划校园大数据和 111 米高空鸟瞰动图，让师生感受到满满的爱与温暖，推进校园文化的认同和宣传。在贴近学生生活的资讯中增强大学生的社会责任感、使命感，传播正能量的思想，坚定理想信念，在开放自由的微信平台激励学生，调动学习的积极性，锻炼社会实践的能力，提高人际交往能力。

2. 拓展思想政治教育的针对范围

高校微信的思想政治教育针对性限定为大学生，利用大学生的通讯录实名认证学生微信，把虚拟的网络生活与真实的现实生活接轨，增强思想政治教育的针对性和精确度。思想政治教育者可以针对学生的类型和特点组建不同的微信群，在不同群里发布有针对性的信息，组织群组的同学参与讨论。因微信群具有一定的私密性，只有群组的同学才能够看到，大学生们可以畅所欲言，帮助教育者第一时间掌握大学生的动态，了解大学生学习和生活中的困惑，在个性发展、知识结构、情感变化、价值取向等方面融合思想政治教育内容，最大范围地扩展思想政治教育涉及的领域。

　　高校微信公众号的设置还关注到学生的各种信息需求，一个学校有时同时拥有多个公众服务号，针对特定的部门发布不同的消息，例如西安交通大学的公众号就有西安交通大学、西安交大、西安交通大学研究生、西安交大就业创业、西安交大团委、西安交通大学学生会、西安交大学社联、西安交通大学财务处、西安交通大学勤工助学办公室、西安交大社会实践、西安交大网络中心、西安交大保卫处、西安交大多彩社联、西安交大志愿者基地、西安交通大学就业处、西安交大国际处暨港澳台办、西安交大学工会、西安交通大学图书馆、西安交通大学校友会、西安交通大学彭康书院团工委等 100多个公众号。学生们可以根据目前最关心的方向来关注相关的公众号。

　　思想政治教育者同时利用微信简单便捷、快速即时的特点，打破思想政治教育的时间和空间限制，随时随地发送具有针对性的思想政治教育信息，用简明扼要的内容适应碎片化的微信内容，及时解决负面力量的集结，避免不良情绪的滋生，杜绝心理问题的产生，防止舆论事件的发生。微信公众号还提供具有针对性的各种服务，例如，武汉理工大学支持教务信息查询和英语四、六级考试成绩查询等；杭州电子科技大学的社团招新系统帮助学生了解详细的社团资料和自主报名；重庆邮电大学的"四六级查询"破 1000 万次，成为名副其实的最佳人气应用；武汉大学的服务平台为 73% 的在校学生提供课表和成绩查询服务；江苏大学提供校园卡余额和自行车数量等生活查询；江西理工大学增加二手市场、失物招领、找老乡等功能。

　　由此可见，思想政治教育在微信公众平台上的表现突出，不是传统意义上的理论说教，更多地体现在服务中提升学生的情感，在帮助学生的日常生活中培养学生的道德素质。

　　3. 加大思想政治教育的亲切互动

　　微信改变了思想政治教育双方的沟通交流方式，可以"点对点"地双向传播，也可以"点对面"地多向传播。微信发挥即时性的特点，拉近了师生之间的距离，在互动中感受自己在学校的分量，体会学校一员的荣誉感，增强主人翁的责任感。高校微信在活动中营造知足感恩的良好氛围，树立崇高远大的理想抱负，保持乐观向上的人生态度，把思想政治教育从简单的理论说教中解脱出来，使学生从被动变为主动。高校微信公众平台为此目标做了很多新的尝试和体验，取得了不俗的成就。例如，重庆大学在微信公众平台推出"第四届微信歌手大赛""银杏摄影大赛""首届重庆大学校园一卡通卡面设计大赛"等。湖北美术学院策划的"寻找福袋"活动和"最团结班级大赛"，鼓励学生走出寝室，增强凝聚力。广西师范大学组织的"管家会操系列之泡泡狂欢节"活动与现场参与者进行互动。河南大学推出我与母校共度生日的活动，邀请和母校同月同日出生的师生共同庆祝的线下活动。

此外，微信用户之间具有平等性，每个人都拥有相同的话语权，一改传统的思想政治教育说教方式，高校微信公众平台发布的信息开始打温情牌，增强思想政治教育的亲和力，让身在异地的大学生真正感受到学校带来的温暖和自豪。例如，厦门大学在台风来袭时发表系列关于抗灾主题的图文，在风雨中表达对学校的饱含温情的祝福和关心，拉近学校与学生血脉相连的亲情。华南理工大学在高考前后推出分省招生计划、录取分数统计等内容，为即将到来的学子提供最迫切的信息。中山大学推送的《你是一个动人的故事讲了 92 年》，结合音乐和图文激发校友的共鸣。山东建筑大学在 60 年校庆时设计定做的校庆纪念月饼，黑龙江大学以"为黑大人服务"为宗旨设置表白墙、黑大集市等特色服务。

总之，微信作为思想政治教育的载体，能更好地与学生们进行沟通和互动，使其在课堂中无法及时反馈的信息在微信中很好地表达，突破传统思想政治教育载体的束缚，最大限度地满足大学生的喜好和需求；在亲和力和互动性十足的环境中很容易被接受和内化，让学生们更愿意敞开心扉与教育者进行交流和互动，充分发挥大学生的积极性和主动性，及时传播新的教育资源和社会主义核心价值观；在形象、生动、直观的环境里得到思想的升华，在人性化的关怀中给予大学生新的力量，在轻松活泼的话题中提升彼此的信任感，增强思想政治教育的实效性。

三、运用微信开展思想政治教育的问题

微信为高校思想政治教育展示了未来的美好前景，是教育发展千载难逢的好机会。但我们也必须清楚地认识到，任何科技都具有两面性，取决于它的使用者。微信除了创造了一个又一个的奇迹，却也难免拥有潜在的安全隐患，如果不加以关注，必然会造成巨大的负面影响。

1. 信息外泄导致安全问题

随着互联网的发展和全球化进程的加快，网络信息不安全带来的威胁已经越来越明显。互联网最大的特点是它的开放性，通过网络主体之间的联系

是匿名、开放的，从网络构架到协议以及操作系统容易遭受攻击，庞大的网络群体也造成病毒极易滋生和传播，从而引发信息危害。微信经常受到技术手段的威胁，造成信息的破坏、窃取，这种无形的攻击不受时间、地点的限制，犯罪行为实施过程对机器硬件不造成任何损失，甚至不留下任何痕迹，所以犯罪行为不易被发现、识别和侦破。

2014 年 2 月 26 日下午，互联网漏洞报告平台乌云披露一则疑似腾讯微信漏洞的消息，被认为有可能造成微信用户的隐私视频外泄。微信团队接到用户举报和第三方安全厂商的提醒，发现有部分用户利用微信"收藏"的分享功能，上传并主动在第三方网站传播非法视频内容。微信团队第一时间关注并进行了处理，暂时停止了"收藏"中视频的分享功能。2014 年 11 月 7 日，部分微信用户反映，在使用微信时出现退出后无法登陆的情况。2016 年，一条名为"有多少人拉黑你，快去试试看"的微信文章在朋友圈疯传，网友扫描其二维码后可以看到有多少好友拉黑屏蔽自己。其实，扫描这个帖子中的二维码后就进入到一个平台，点击查询按钮就可得到拉黑、删除、屏蔽自己的好友数量，实则是不法分子利用其他第三方面页面用以获取用户信息。

目前，我国网民的信息安全意识普遍比较单薄，警惕性不高，特别是大学生们对自我信息的保护意识还没有形成。因此，大学生受到网络诈骗等案件屡见不鲜。微信朋友圈本身就是大学生展现自我的好平台，他们把自己的生活、心情等隐私信息发布到微信，这就给信息的暴露带来不小隐患，引起不法分子的注意，有可能成为犯罪分子的目标。同时，网络黑客、网络病毒也是大学生隐私泄露的主要途径。

2. 低俗虚假引发价值观迷茫

微信中大量的垃圾信息、虚假信息、不健康信息都会对现有的文化传统、道德规范造成负面影响。

第一，由于信息更新周期愈来愈短，致使一些老化无用的信息常常不能及时更新而滞留网上，使微信用户不得不花大量的时间查阅和整理这些老旧的信息。微信每天产生无数的信息，由于在源头无法进行有效监控，各种良莠不齐的信息共同存在。思想政治教育的内容如果不能跟随形势的变化，很容易被淹没在浩瀚的信息大海中。同时，思想政治教育还需要在海量的信息中监控真实、有效、积极的内容，无疑为思想政治教育者增加工作的难度。

第二，微信的虚拟性为大量虚假信息的滋生提供了温床。谣言是微信朋友圈最容易传播的信息之一，大学生对信息的鉴别能力不够强大，容易受到不良风气的影响，又因为使用微信的时长和频率都比较高，成为谣言传播的主要群体之一，容易造成价值观的缺失，不利于思想政治教育的正常进行。

第三，大量色情、迷信等低俗信息也有了极大的传播空间，对人们的精神造成巨大的危害。例如微信的"摇一摇"，大学生对这个功能的青睐成为不法分子借机传播色情的土壤，一些大学生身心受到伤害。这些信息的传播势必会污染大学这片净土。

第四，碎片化的微信信息不仅造成信息超载的负担，也使人类的精神文化演变为快餐文化，优秀的文化信息越来越少。

第五，发展中国家基础设施及文化素质等与发达国家的差距，将导致文化殖民现象的产生。[①]西方价值观现在已经逐步渗透到大学生群体中，大学生尝鲜和好奇的特点使他们的价值观日趋多元化，中华民族意识逐渐被弱化，社会责任意识持续下降，价值判断不断模糊，如果思想政治教育不适时进行跟进，他们很容易被各种不良信息所诱惑和误导。我们必须重视新时期的信息安全，防止西方国家把微信作为推销其价值观念的阵地。否则，我们悠久的文化精神很有可能被淹没在海量的信息之中。

3. 过分依赖剥夺现实感

中国互联网络信息中心发布的《2015年中国青少年上网行为研究报告》显示，截止到2015年12月，我国大学生网民平均每周上网时长超过其他学生群体，达到31.7小时，相当于每天上网4.5个多小时。通过搜索引擎获取信息占比93.1%，观看网络视频的占比89.4%，玩网络游戏的占比66.1%。自制力较差的大学生长时间沉迷于网络世界，很容易游离于虚拟与现实两个世界而不能分辨。

施彭勒曾有过这样的批判："一个人为的世界成功了，它毒害这天然的世界。文明本身成了一台机器，它的所作所为符合机器，或愿意符合机器的方式：看到风车，人们只想到马力；看到瀑布，人们无不联想到电力；无论在何地，一见到众多吃草的牧群，就会想到利用其供食用的肉；任何原始民族的古老美丽的手工艺品都会使人产生用现代技术方法来取代其劳动的愿望。无论是否有意义，技术的思考总的要实现。"[②]他对刚刚兴起的工业文明中技

---

① 游五洋，陶青：《信息化于未来中国》，中国社会科学出版社2003年版，第432页。

② 周民峰：《超越与超拔》，四川人民出版社1999年版，第18页。

术运用的一种批判，在信息社会中，人们对信息技术的依赖也是如此，用手指打字的同时抛弃动手写字的技能，复制转发的同时忽视信息的内涵意义，查询资料的同时减弱大脑的思考能力，收藏文章的同时屏蔽大脑的记忆功能……信息技术为人类带来了便利，也同时丧失人固有的尊严与地位，逐步沦为机器的奴隶，由信息和数字操纵的人的生活。

沉迷于网络世界的群体则被社会学家称为"网络瘾君子"，他们依赖虚拟的网络世界而逃避现实生活。现阶段，一部分大学生在虚拟的世界里得到极大的享乐，微信已经成为生活中不可或缺的部分，占用时间越来越多，关注学习越来越少，使用微信的大学生队伍越来越庞大，每个人的生活模式开始受微信影响进行改变，他们逐渐放弃真实的人际交往，不仅体质弱化，运动技能衰退，还导致只会用网络语言与人沟通，变成平日里沉默不语的"网虫"。在课堂学习中，有的大学生用手机打游戏、看影视节目、刷微信，影响正常的课堂活动开展，浪费大量的时间和精力，影响学习注意力的集中和学习兴趣的培养。微信的信息繁而杂，没有课堂教学的系统性，对大学生知识体系的形成和能力的提升没有绝对的帮助，在筛选和判断信息真伪时耗费大量的时间和精力，亲情友情的观念变得淡薄，造成将来步入社会后不适应感的产生。

4. 同辈群体影响难把控

大学生晒朋友圈成为同辈之间互相攀比的平台，每天的吃、喝、玩、乐一一展现在微信朋友的面前。有些人费尽心机地展现虚假的自我，一度出现炫富、攀比的虚荣心，这样会滋生其他同辈的嫉妒、埋怨、仇恨等消极情绪，不利于大学生身心的健康发展。大学生应该学会各种调节情绪的方式方法，不能只依赖朋友圈进行宣泄，虽然能获得朋友的安慰和鼓励，但无形中在同辈群体中传播一种负面情绪，从而影响到更多的群体。另外，微信本身具有一定的隐蔽性，在朋友圈发送信息时可以只呈现给部分好友，或在组建微信群时可以结交一些相同家庭背景、年龄、特点、爱好等方面的好友，经常聚集发表言论，这些群体的存在经常成为思想政治教育的盲区。同辈朋友微信群一般都是年龄相近，社会成熟程度大致相同，社会地位和兴趣爱好相近的朋友的聚合，他们之间的言论对人的思想品德和心理形成影响巨大，甚至有时超过学校和家庭。好的同辈微信群传播社会优秀文化知识，排忧解难，鼓舞人心；坏的同辈微信群带来歪风邪气，传播消极落后的文化价值，让人消极悲观，拖人下水，甚至有反社会、反国家的情绪滋生，许多大学生正是加入了一些不良的同辈微信群而最终走上歧途。思想政治教育者很难从庞大的非实名化的群体中准确找到受教育者，甄别大学生群体的难度陡然上升，并且受教育者的信息无法确定真伪。当微信群故意隐藏聊天内容和群组信息时，思想政治教育工作的开展就难上加难，无法及时和真实地掌握受教育者的现实状况和需求，增加思想政治教育对象和结果的不确定性。

四、运用微信开展思想政治教育的原则

1. 方向原则

方向原则是反映思想政治教育本质的根本原则，思想政治教育要有明确的中国特色社会主义道路，与中国共产党的纲领和宗旨保持一致。微信思想政治教育要以实现社会主义现代化和全心全意为人民服务为目标，既要对人民群众进行现阶段党的路线、方针、政策的教育，又要进行远大理想的教育；既要引导大学生认真踏实学习专业知识，为社会主义建设尽心出力，又要引导大学生坚定政治信念和追求，将自身的努力和社会目标结合起来。只有统一方向才有统一的行动，坚定正确的政治方向是人们的精神支柱，是精神动力的源泉，它可以坚定建设中国特色社会主义道路的信心和激励斗志。

思想政治教育本身具有强烈的政治性，而微信作为公众媒体平台，所发布的信息必须弘扬社会主义核心价值体系，包含马克思主义指导思想、中国特色社会主义共同理想、以爱国主义为核心的民族精神和以改革创新为核心的时代精神、社会主义荣辱观四个方面的内容，引导大学生树立正确的世界观、人生观和价值观。微信的内容形式多样，都要体现社会主义核心价值体系的根本性质和基本特征，反映社会主义核心价值体系的丰富内涵和实践要求，以富强、民主、文明、和谐、自由、平等、公正、法治、爱国、敬业、诚信、友善作为表达的主题，弘扬中华传统美德，践行社会主义核心价值观。面对思想意识多元、多样、多变的特点，面临世界各种思想文化交流、交融、交锋的形势，微信作为普及的新媒体，需要扩大主流价值观念的影响力，巩固马克思主义在意识形态领域的指导地位，提高国家文化的软实力，掌握价值观念领域的主动权，铸就自立于世界民族之林的中国精神，实现"两个一百年"的奋斗目标和中华民族伟大复兴的中国梦。

2. 求实原则

中国共产党的思想路线是一切从实际出发，理论联系实际，实事求是，

在实践中检验真理和发展真理，其中实事求是是党的思想路线的核心和实质。这里的求实即实事求是原则，它不仅是我党思想路线的精髓，也是思想政治教育的一项根本原则。毛泽东同志曾在1941年《改造我们的学习》一文中，深刻揭示实事求是的科学内涵："'实事'就是客观存在着的一切事物，'是'就是客观事物的内部联系，即规律性，'求'就是我们去研究。我们要从国内外、省内外、区内外的实际情况出发，从其中引出其固有的而不是臆造的规律性，即找出周围事变的内部联系，作为我们行动的向导。"①实事求是要求我们拥有求实精神，思想政治教育在微信中能够实话实说，不隐讳问题，不弄虚作假，才能得到受教育者的信任。

实事求是还要求我们运用求实的方法，微信思想政治教育也需要把实事求是作为一切工作的科学的思想方法和工作方法。微信朋友圈大多是以熟人作为联系群体，但也存在"摇一摇""查找附近的人""漂流瓶"等多种方式添加陌生人，有些好友发布的信息真实性有待考证，在没有确认的状态下不要随便转发，否则容易谣言四起、人心不稳。微信中图文并茂的表达方式得到朋友圈的追捧，"有图有真相"成为发布信息的标配，传播的信息更认为是真实的、有价值的，这是一种很好的求实态度。但是图片也不是绝对真实的，大学生需要对微信内容的真实性调查研究取证，不能盲目跟从，要有敏锐的判断力，从实际出发，辨别真伪，有效防止和杜绝谣言及虚假讯息的传播。大学生要秉持实事求是的理念，做到言行一致，以诚会友，以信取人，将虚拟和现实结合起来，达到思想政治教育的最终目的。

实事求是还要求我们勇于创新。唯物辩证法告诉我们，一切事物都处在不断变化发展的过程中，随着新媒体和事物的发展，我们需要全面了解和分析其现象，把握事物的本质和规律，克服因循守旧的思想，引导大学生思想的转变、升华和发展，充分发挥他们的主观能动性和创造性，科学地选择或创造适当的方式方法，及时地抓住有利的机会，灵活地适应对象的变化，有效地开展思想政治教育。

3. 疏导原则

思想政治教育者在运用微信开展大学生思想政治教育工作时，需要运用人的思想形成发展的规律进行疏通和引导。疏导原则首先要重视思想政治教育双方的民主性。微信本身就是自由平等的话语平台，让受教育者畅所欲言，

---

① 《毛泽东选集》第3卷，人民出版社1991年版，第801页。

把自己的观点及意见充分表达出来。因此，我们应在民主集中制原则的指导下，正确地发扬民主精神，积极地倾听他们的声音，针对遇到的思想症结，按规律发展趋势，加以正确的教育引导。民主的要求是党的性质和宗旨决定的，也是正确处理人民内部矛盾的理论决定的，是人的思想形成发展的规律决定的。人的认识必须经过实践—认识—再实践—再认识的过程，从感性认识上升到理性认识。思想政治教育者需要在微信平台的信息中，将大多数受教育者的感性认识充分地集中起来，以形成科学的理性认识来指导实践。在微信平台中，努力创造民主的条件，使受教育者敢于说真话，愿意自由表达个体言论，创造健康自由的民主氛围，逐步增强民主意识及素质，在广泛"疏"的基础上再展开"导"。

运用微信开展思想政治教育要求思想政治教育者对受教育者有平等信任的态度，不能堵塞视听，不能全盘否定对事物的不同看法，否则很容易造成"疏而不通"。在听取受教育者大量真实的意见表达后，思想政治教育需要有针对性地加强宣传教育和思想引导，及时与他们进行交流和沟通，感知他们的心理健康程度与情绪状态，不要一味采取灌输的教育，在充分理解的基础上进行疏导。因为大学生是思想活跃的群体，思想政治教育者改变传统的思维定式，对各种思想的出现理解和包容，对出现沉沦和反叛的学生不要全盘否定，给予他们改正的机会。疏导的目的是要把大家的思想认识集中到真理上来，敢于坚持真理和抵制谬误，积极开展批评和自我批评，晓之以理、动之以情、启之以思、导之以行。

4. 隐育原则

运用微信对大学生进行思想政治教育需要遵循人的思想发展规律，融入各种教育因素及方式，以循序渐进和潜移默化的状态进行，充分利用微信的各种手段，使教育具有艺术性和吸引力，起到"润物细无声"的效果。

微信以多种传播手段著称，思想政治教育者要善于运用图片、语音、视频、动画等形式，一改思想政治教育古板枯燥的印象，唯美的图片搭配文字，背景设置一些流传度较高的正面音乐，以惟妙惟肖的形式展现出来，把纷争四起的思潮集散地打造成思想政治教育的聚宝盆，把社会主义核心价值观以"接地气"的方式融入大学生的生活之中，循循善诱地于德、智、体、美、劳全方位展开，帮助大学生塑造完美人格，促进大学生思想的良性循环发展，充分调动大学生对思想政治教育的热情。思想政治教育是一种集塑造教育、改造教育和养成教育在内的综合性教育，必须顺应人的思想形成发展规律，争取多种方式和结合多种教育因素，引导大学生逐渐接受教育内容并吸收转化为自我认识与行为。

隐育原则让人在不知不觉中受到教育，在自然熏陶下得到提高，摆脱受教育者不愿接受公开思想教育的局面，防止自尊心受到伤害，避免因教育而产生逆反心理，运用微信展开思想政治教育恰好顺应时代的要求和大学生的心理，更好地推动思想政治教育社会化的发展。在隐育原则的要求下，微信思想政治教育要求有"春风化雨，点滴入土"的效果，由实践到认识或知、情、信、意、行的反复循环中发展，选择适当的情景、适合的时机、急缓得当，保持思想政治教育的弹性。在微信思想政治教育中还需要善于发现典型，树立榜样模范作用，激励、号召、引导大学生奋发向上。因其有形象、具体、生动的特点，较易激起思想情感的共鸣，让受教育者感到先进典型的现实性和亲和力，言传身教，身体力行，用美好的形象和人格力量吸引和教育群众，从而提高思想政治教育的权威性和影响力。

5. 开放原则

传统思想政治教育以教育者为中心，教育内容枯燥乏味，教育手段单一，很难及时补充新知识、新信息，脱离现实和实际，具有一定的封闭性，导致受教育者在接受上有一定的障碍。

运用微信开展思想政治教育，改变传统的思想政治教育环境，多元思想文化开始频繁碰撞，大学生从信息的单纯接受者转化为信息的发布者，在自由开放的环境中放飞自我。在新形势下，思想政治教育者要充分尊重他们的主体地位，注意调动其自我教育的积极性来实现政治教育目标的行为准则。大学生并非被动地接受教育，而是以自己原有的思想认识基础对教育者的教育要求进行评价和选择，通过主体思想内部的矛盾运动，吸纳教育内容、调整认知结构，将思想转化为行为。在微信公众平台中，思想政治教育者可以通过推送功能将国家的政策、方针以生动的形式发送给关注者，也可以通过互动平台与受教育者深入交流，使思想政治教育双方在友好信任的关系中实现教育向自我教育的转化；对其进行跟踪观察分析，及时大胆地提醒和开导，不愤不启，不悱不发，给大学生以充分的自省自悟的机会；真心实意地尊重他们的主体地位，帮助其创造思想转化的契机与条件，培养正确的价值观，激励其自觉选择正确的行为动机，向社会要求的方向发展。

　　微信平台创造了开放式的教育环境，思想政治教育需要尊重他们的个体差异性，根据不同的思想情况和觉悟水平，区别对待，分层次进行，增强思想政治教育的针对性。微信思想政治教育要正确选择教育内容和方式方法，增强学生学习的兴趣，培养独立思考的能力，挖掘每个个体的个性，在了解各层次人的原有思想特点及水平的基础上，分别提出既严格又合理的思想政治教育目标和要求，提高思想政治教育的整体效果。

第四章
微时代：影响高校思想政治教育的新形势

　　微博、微信等以"微"字冠头的新媒体自诞生之日就广受大众的追捧和喜爱，其低门槛和便捷性吸引大批追随者和使用者，人们逐步走进话语狂欢的时代——"微时代"。

　　"微时代"已经逐步走进网络大众的生活，影响着每个人的思维习惯和表达方式，为大学生提供更为快捷的信息获取和交流的通道，这也是思想政治教育亟待解决的重要课题。它可以成为思维政治教育快速发展的"伟"时代，也会使思想政治教育沦为难以控制的"危"时代。因此，思想政治教育者应从创新"微"话语，搭建"微"平台，培养"微"意识，建立"微"队伍，加强"微"管理等方面着手，把握时代发展的机遇，开创思想政治教育工作的新局面。

第一节　谨防"微"时代转为思想政治教育的"危"时代

　　"微时代"背景下，微媒介虽然对思想政治教育的时空、载体、内容、环境等有积极的影响，但因信息传播具有隐蔽性、自主性、虚拟性、海量化、碎片化等特点，这也给思想政治教育带来一定的挑战。

一、对大学生的消极影响

1. 过度手机依赖

　　"微时代"大学生对手机的依赖日益增强。《第 39 次中国互联网络发展状况统计报告》显示，截止到 2016 年 12 月，我国网民规模达 7.31 亿人次，互联网普及率为 53.2%，手机网民规模达 6.95 亿人次，较 2015 年底增加 7 550 万人。网民中使用手机上网人群的占比由 2015 年的 90.1%提升到 95.1%，网民手机上网比例在高基数基础上进一步攀升，网民中学生群体规模最大，学生群体占比为 25%。

当你漫步在校园中，无论在教室、校园、宿舍都会发现大量的"低头族"，一有时间就不断刷微博、点微信、看视频、玩游戏，大学生对手机的依赖已经超出教育者的预期，手机和网络已经成为大学生的主要生活方式。"信息的大量超载会使人们对信息缺乏理性分析和思考，道德自律和自我约束往往陷入低谷，甚至会患上'网络孤独症''网络成瘾症'。"①由于大学生长期在虚拟空间中交流，赢得众多网友的追随和吹捧，导致很多学生已经开始脱离和害怕现实生活中的人际交往，产生冷漠、恐惧、焦虑、空虚、自我封闭、情绪波动等人格异常和心理障碍。他们长时间沉迷手机和网络，对身心造成极大伤害。有的大学生过度沉迷于手机，出现"双面人"的状态：在虚拟的网络中，侃侃而谈、高谈阔论、口若悬河，成为众人瞩目的焦点人物；但在现实生活中，性格孤僻、内向含蓄、沉默寡言，成为漠不关心的局外之人。这样的性格容易产生心理疾病。

"微时代"，人与人之间的距离看似近了，在现实中却缺少人情味，感情的联络只靠冰冷的屏幕来传达，缺少面对面的嘘寒问暖，人际交往关系日渐弱化。虽然微媒介增强个人表达的意识，突显个性的张扬，但是在学生与学生之间、学生与教师之间、学生与父母之间的交流和理解却变得越来越淡薄。在学习上，虽然微媒介可以深化课本的知识内容，掌握所学领域的前沿理论，但因微媒介的短小造成知识体系不系统，信息内容不完善，大学生学习和研究能力下降，作业抄袭现象严重，思维能力不能得到很好的锻炼，不利于学生综合素质的提高。

2. 造成认知偏差

思想政治教育倡导大学生树立正确的世界观、人生观和价值观，弘扬爱国主义热情和集体主义精神，培养社会主义理想信念教育，自觉抵制落后、腐朽的文化侵蚀，防止敌对势力和反动思想的侵入。

"微时代"每个网民都是信息的产生者、传播者和评论者，信息良莠不齐，微媒介成为虚假信息和谣言的集散地，人们很难处理个人观点和公共舆论、言论自由和社会责任之间的平衡。加上大学生自身易受社会导向、舆论媒体的宣传影响，他们在面对海量更新的信息量和传播的多向性时，容易迷失自

---

① 张辉，张承承：《微博时代大学生媒介素养新要求》，《中国报业》，2011（1）。

我、思想混乱、价值取向错误，降低辨别是非曲直的判断能力。伴随"微时代"的来临，多元文化盛行，各种文化拥有发展空间，拜金主义、享乐主义、自由主义、实用主义等社会思潮涌入，主流文化的主导地位受到威胁。网民可以畅所欲言，思想政治教育被淡化和漠视，大学生对信息的辨别能力容易受到舆论信息的干扰。"尽管新的信息和内幕的出现，可能使人们意识到以往的某个主流舆论或共识是被不全面甚至错误信息所误导，但以往信息形成的舆论氛围早已经影响了事件的走向。"①

在大学校园里，部分大学生的价值观开始转变，唯利是图，以权谋私，以金钱和利益作为生活的主题，在班级评优和班干部选举中就可以见到这些现象。这都要求思想政治教育者重新树立"微"权威，培养大学生的信息辨识能力和判断能力，树立正确的世界观、人生观和价值观，在面对舆论博弈的战争中能够充分发挥思想政治教育的作用。大学生群体的好奇心和新鲜感促使他们急于了解网络空间的各种思想和言论，在还未拥有理性的思考和分析判断能力的时候，往往容易随波逐流，从众的心理促使他们在多元的价值体系中摇摆不定，盲目接受其他国家特别是以美国为首的西方资本主义国家的文化和价值，弱化中华民族的认同感，给思想政治教育宣扬社会主义核心价值体系时造成极大阻力，对传承民族优秀文化的思想大打折扣。

3. 遭受安全威胁

随着移动互联网各种新生业务的快速发展，网民网络安全环境日趋复杂。《第 39 次中国互联网络发展状况统计报告》数据显示，2016 年遭遇过网络安全事件的用户占比达到全体网民的 70.5%，其中网上诈骗是网民遇到的首要网络安全问题。虚拟中奖信息诈骗是波及最广的网上诈骗类型，占比为 75.1%。其次为利用社交软件冒充好友进行诈骗，占比 50.2%。由 360 安全中心检测到的全国感染过病毒木马程序的 PC 数量为 2.47 亿台，每月收到病毒木马程序影响的 PC 数量均在 4 000 万台至 5 500 万台之间；全国感染恶意程序的安卓智能手机共 1.08 亿台；安卓手机用户标记骚扰诈骗类短信 183.8 亿条，其中诈骗短信 6.1 亿条；安卓手机用户标记骚扰诈骗类电话 391.2 亿次，其中诈骗电话 48.9 亿次。这个数据是令人震惊的。

大学生是网络诈骗的高发区，大学生遭受侵害的各种新闻屡见不鲜。这源自大学生人身安全意识的缺失，对网络信息的隐私保护意识不强，对网络

---

① 陆小华:《新媒体观——信息化生存时代的思维方式》,清华大学出版社 2008 年版。

经济安全的防范不到位，这都促使思想政治教育需要对网络安全方面进行大力宣传。

针对我国信息安全的现状和内外部环境，以及我国信息化战略的整体需要，国家在逐步完善信息安全保障体系，网络安全相关法律逐渐完善、相关政策陆续出台，对于推进网络强国建设、维护国家安全意义重大。例如，2016年11月7日，十二届全国人大常委会第二十四次会议表决通过了《中华人民共和国网络安全法》，这为保障网络安全，维护网络空间主权和国家安全、社会公共利益，保护公民、法人和其他组织的合法权益，促进经济社会信息化健康发展奠定了法律基础。2016年12月27日，国家互联网信息办公室发布《国家网络空间安全战略》，为国家未来网络安全工作的开展指明了方向。

总之，信息安全对大学生的生活造成了不小的影响和困扰，思想政治教育需要把信息安全作为重要的内容，制定和实施国家信息安全保障战略计划，强化我国信息安全体系，确保网民的合法权益和网络安全受到全面的保护。

二、对思想政治教育的消极影响

1. 隐蔽性削弱思想政治教育的覆盖范围

"微时代"信息传播的门槛较低，言论自由，人们不仅可以随时随地匿名阅读信息、发布信息，还可以匿名评论转发，很容易受误传的信息、荒谬的言论、不成熟的思想左右，大学生的思维模式遭到侵蚀，价值观受到动摇。丰富多彩的信息夹杂的负面言论会造成受教育者认知偏差、独立思考能力减弱，受网络话语的影响干扰思想判断。微平台已经不再是思想政治教育工作者独自经营的舆论阵地，每个个体都可以在微媒介中彰显自己，表达话语，传统的知识体系受到挑战，思想政治教育者很难对信息有绝对的控制权。特别是微媒介开发的屏蔽功能，教育者需要通过越来越多的舆论渠道掌握受教育者的情况，单一的社交空间削弱了获取信息的能力。此外，微信息病毒式的传播增加了掌控的难度，信息无限扩大的结果会造成重大舆论事件的发生，这些都对思想政治教育工作者提出新的课题。

中国互联网络信息中心发布的《2015年中国社交应用用户行为研究报告》的数据表明，手机在用户访问社交应用采用的设备中以其便携、随时可触达的特征成为人们访问社交应用的首要设备，高达89.3%的比例。微媒介集信息分享、传播和获取的平台，以其发布内容短小精炼著称，传输时可配以图片和视频展示，信息传播极其迅速，成为展示自我和社交沟通的代名词。因微媒介具有"转发"的形式，信息类似于病毒式的扩展方式，某些事件的发生和进展在微媒介中甚至是同步进行的，手机成为传播的助推手。思想政治教育工作者不但要在最快的时间内获取信息并辨别真伪，还要求在传播过程中监控信息传播的渠道和影响，特别是带有负能量和负面新闻的传播控制，增加管理和监控的难度。教育者也很难在受教育者大量的只言片语中提取真实可靠的信息，很难把握受教育者的思想状况，将倡导的理念和思想内化为他们的意识，更难以引导他们把道德意识外化为行为习惯进行检验，降低了思想政治教育的效果。

2. 自主性动摇思想政治教育的主体地位

CNNIC 发布的《第 39 次中国互联网络发展状况统计报告》显示，中国所有职业的网民中，学生群体的比重高达 25.0%，说明大学生在网络的使用中占有重要地位。微媒介的"微"将人们的表达兴趣逐步提升，网络不再是权威人士的天下，表达的低门槛让更多普通百姓都可以展示自己，参与舆论博弈。原创具有内涵的文章和简洁却又具有深度的语言被大量浏览和转载，每个人的话语都可能成为网络热词，"微时代"已然成为全民狂欢的时代。因此，大学生在网络中受到影响的可能性在逐步扩大，高校思想政治教育在"微时代"需要关注更多的教育客体，不能限定于校园的思想政治教育建设，思想政治教育的教育客体无形中被扩大。

传统思想政治教育很大程度上依赖课堂上教与被教的模式来传递，学生在这个过程中只能被动的接受教育，教育者具有不可动摇的权威性。但是，网络的发展必然造就个性的张扬，低门槛的微媒介的普及促使每个大众都能表达自己的观点和思想，教师的权威逐渐被削弱，地位逐渐被边缘化，对集体主义和爱国主义教育有一定的冲击。学生是微媒介的主力军，乐于接受新鲜的事物，借助媒体快速获取知识的能力甚至超越教育者本身。由于自主学习的机会增加，互动学习的渠道拓宽，受教育者的积极性得到充分调动。相应地，受教育者对教育者能力素质和知识结构的要求在不断提升，不再一味听从课堂授课，知识来源的多样化和受教育者的自主性使教育者的主体地位面临巨大威胁。

"微时代"还促使大量网络流行语和"火星文"的兴起和传播，充斥着大学生的生活，对思想政治教育双方的交流造成一定的障碍。教育者如果无法快速掌握网络流行语和"火星文"的含义，对了解和掌握大学生思想动态就会有阻碍，加大代际隔阂，沟通效果变差，不利于思想政治教育工作的有效开展。

3. 虚拟性挑战思想政治教育的教育模式

当代大学生思想独立，当遇到迷茫和困惑时不仅不愿接受"面对面"的交流，也对传统的思想政治教育有一定的抵触心理，认为其不能满足自己的心理需求。特别是网络的普及，可以虚拟地进行交流，更助长了这样的思想。

网络的虚拟性对意志薄弱的受教育者来说很难自我约束，他们不自觉地抵触单向的教育形式。网络的虚拟性也给心存歹意的不法之徒以可乘之机，为了自己的私利肆意制造流言蜚语和传播不良信息，阻挠思想政治教育的进程，干扰受教育者的判断。因此，"微时代"的教育者需要寻求新的教育模式：开设网站、建立公众号、组建论坛，网上调查等，但因网络有虚拟性的特点，妨碍教育者获取真实有效的信息，甚至有些调查和沟通濒临形式化的尴尬境地，造成思想政治教育工作效果不佳。与此同时，网络信息的高速发展一改传统课堂上获取知识的主要方式，灌输教育在新时期已经不能适应大学生的需求，他们通过各种通讯终端迅速了解最新资讯，甚至拥有超越思想政治教育者的信息量。网络课堂琳琅满目，突破了时空的限制，教育资源共享化，拥有管理一目了然、学习身临其境、授课形式多样、降低教学成本、排课简明方便、课程自动录制、板书轻松保存等优势，传统课堂里的教育者已然失去教育的绝对优势。

4. 海量化冲击思想政治教育的价值认同

"微时代"信息的传播没有时间限制和空间障碍，互联网的发展从信息共享到信息共建，每个用户只要拥有信息终端设备和畅通的网络，都可以通过文字、图片、视频图像进行简短的文本发布。低成本、低门槛吸引大批大学生成为它的追随者和使用者。大学生每天接受浩瀚复杂的海量信息，他们经常会淹没在庞大的信息海洋中。繁杂交织的信息必然导致信息的良莠不齐，教育者对传播内容的控制难度加大。一些腐朽落后的文化顺势传播，给非主流文化思想以巨大的生存空间，甚至还会出现一些反国家反社会的言论，腐朽、落后的意识形态乘虚而入。特别是西方国家对我国的"和平演变"的威胁，甚至出现大肆宣扬诋毁马克思主义、社会主义和中国共产党的言论。他们对部分社会现象进行夸大炒作，对国家的大政方针政策进行歪曲理解，对我党进行恶意攻击，渗透侵蚀大学生的思维模式、价值取向和行为方式，给主流价值观提出严峻挑战。立场不够坚定的受教育者很容易受到错误意识形态和价值观的影响，社会主义核心价值认同受到威胁，道德认知选择产生困惑而造成行为失范。另外，思想政治教育网站因更新缓慢无法抗衡海量化的信息浪潮，受教育者对思想政治教育网站的关注度也在逐渐递减。依靠社会舆论监督的道德防线容易崩溃，负面舆论和谣言任意滋生，受教育者喜欢跟着感觉判断而不对信息进行深入理性的思考，面对纷繁复杂的各种新闻容易情感淡漠。有的大学生只强调生活中的心理调剂和一时满足，只追求内心的宣泄和放松，只注重话题的新颖和时尚的潮流，而走向无聊和虚无的生活境地。此外，在学校中，相比于枯燥乏味的说教灌输，手机无疑成为自控能力较差的大学生的解乏工具和依赖工具，扰乱了正常的教学秩序，给思想政治教育教学带来影响。

5. 碎片化干扰思想政治教育的辨识能力

"微时代"移动端已经成为网民获取新闻的主要渠道，其信息因简短精炼而著称，呈现出碎片化的特征。这种碎片化的生活方式和思维特征，让大学生在时间使用上变得随意和消磨，眼睛无时无刻不离电脑屏幕和手机屏幕。没有网络的大学生会抓狂和焦躁，"世界上最遥远的距离就是没有网络"，导致部分大学生出现一种"网络依赖"的病态现象。[1]网络时代的生活就像它所产生的信息一样高效率、快节奏，人们的生活压力越来越大，空闲时间越来越少，闲暇的时间被高速运转的工作和生活打乱，分割为细小而杂乱的无数片段。再加上微媒介自身对内容的限制，既迎合大众发布信息的需要，同时也降低了思维的连贯性和逻辑性，有的大学生表达情感状态时就会表现出碎片化的特点。

我国社会正处于转型期，社会竞争日益激烈，快节奏的生活和工作把人的闲暇时间分割为无数个碎片，这些海量分散的碎片化信息给思想政治教育工作者带来不小的困难。他们不但要通过各种途径接受、提取大量的微资源，还要从碎片化的表达内容里过滤、筛选、辨识、整合对思想政治教育有用的信息，无形中增加了思想政治教育的工作量，干扰对大学生思想的判断和辨别。再加上微媒介传播的一些限制，大众所展现的信息大都是琐碎的生活细节和情绪宣泄的点点滴滴，他们以此来缓解生活和工作的压力，表达自己的思想和观念。教育者在大量只字片语中很难提取真实有效的信息，很难真正理解受教育者的内心和意图。有些受教育者出于猎奇、叛逆和无聊的心理，在信息泛滥和污染、真假难辨的谣言到处盛传的时代，人云亦云，随波逐流，盲目跟风，缺乏独立思考和判断能力，更容易受到负能量的影响，对传统思想政治教育带来了巨大的挑战。

6. 沟通交互性提升思想政治教育的沟通要求

网络开阔了大学生的视野，却永远无法取代人们的真实生活。"微时代"的媒介创新对话模式和实时动态信息交互机制，包含文字传输、视频通话、实时语音等功能，其新鲜时尚、鲜活立体、个性化元素广受使用者的好评。灵活的沟通方式拓展人际交往关系，打破传统教育者话语垄断的特权，每个人都可以成为话语的创造者和传播者，形成点对面的多维互动模式。这种交往方式一改传统思想政治教育"面对面"的教育方式，大学生要求尊重、平等、自由、独立地表达自己的观点，要求思想政治教育工作者关心每个大学生，视野由宏观向微观集中，平台由现实社会向虚拟社会扩展，教育双方拥有平等互动的话语权。思想政治教育的传播效果很大程度上取决于教育者和受教育者的沟通效果。只有思想政治教育的内容受到受教育者的消化和理解时，才能在生活中最广泛地传播思想政治教育，而有效的沟通可以使思想政治教育者全面地了解受教育者的所思所想，在及时的反馈信息中不断更新教育的方式方法和信息内容，才能够增强思想政治教育的效果。

微媒介的出现给受教育者更多的展现空间，可以将自己的思想通过各种评论区以匿名或实名的方式传达给教育者，是教育者实施有针对性和目的性的思想政治教育不可或缺的来源。另外，微媒介在一定程度上实现了平等的对话机制，思想政治教育双方在网络交流时能够更加随意、贴近生活，再加上信息传播的速度的提高具有即时性的特点，帮助思想政治教育者通过跟帖、点赞、转发、评论等途径，最大限度地获取受教育者的信息。思想政治教育在微媒介中及时去了解学生、帮助学生、服务学生，随时随地与之保持联系，打破传统思想政治教育的刻板印象，共同参与话题讨论，找到双方的情感契合点，给予他们人文关怀，更好地实现思想政治教育。

第二节　利用"微"时代成为思想政治教育的"伟"时代

中国互联网的发展令人惊叹，短短 20 多年的时间已经经历信息共享、信息共建、知识传承、知识分配等阶段。人类对交往速度和方式的巨大需求是互联网不断发展更新的催化剂，手机网络通讯设备则是"微时代"空前发展的助推器。新时期，高校思想政治教育的教育主体、教育客体、教育介体、教育环境都产生了一定的变化，面对新的形势与任务，思想政治教育需要进行开拓创新，适应现代社会的发展和现代人的发展需要，加强思想政治教育的渗透力和影响力。

一、对大学生的积极影响

1. 开阔认知视野

大学生是"微时代"最活跃的参与者，它能更好地满足大学生随时随地接受庞大信息的需求。移动终端提供大学生改变知识结构、改善学习方法、丰富理论体系、扩展思考方向的机会，及时高效地进行思想共享和信息交换，通过网络平台全面细致地了解国家时事政治和社会热点新闻，理性客观地讨论世界变化和国家发展，拓宽获取知识的渠道，为大学生更好地融入社会提供更多途径。在学习过程中，大学生普遍运用各种搜索引擎和新媒体技术来达到辅助学习的目的。

中国互联网络信息中心发布的《2015 年中国网民搜索行为调查报告》显示，截止到 2015 年 12 月，我国搜索引擎用户规模达到 5.66 亿人次，使用率为 82.3%，手机搜索用户数达 4.78 亿人次，使用率为 77.1%。微信作为超级APP，其应用内搜索的使用率达 62.2%。各大搜索平台融合语音识别、图像识别、人工智能、机器学习等多种先进技术，依托基础搜索业务，打通地图、购物、本地生活服务、新闻、社交等多种内容的搜索服务，为网民和企业提供更好的服务。

搜索功能在大学生群体中的广泛应用，帮助他们提高学习的效果，培养自我学习的能力，及时掌握和了解最前沿的知识和信息，深化课本知识的理论体系，涉猎各学科的交叉知识，改变他们学习的模式，对他们提高学习的能力起到了极大的促进作用。在 QQ、微博、微信、论坛、聊天室等平台上都随处可见大学生群体的身影。他们对社会的态度和看法有了一定的认知，可以随心所欲地对感兴趣的内容表达自己的观点。他们不仅关注生活和学习，还涉及人口、资源、政治、环境、生态、军事等领域，在发表言论的同时又拓展全球的视野，心智得到全面的开发，求知欲和创造性得到激发。他们用全球性的思维思考人生和世界，在积极的参与过程中实现自我价值。

2. 拓展交往空间

"微时代"的各种媒介使大学生的朋友圈不断扩大，除了亲朋好友外，还集聚拥有共同兴趣爱好的人群，延伸大学生人际关系的链条，覆盖面更广。只要你们有共同的话语，不论身处何地，不受职业、地位、背景、信仰的约束和限制，畅聊无阻，消除尴尬与隔阂，极大地扩展了人际交往的空间。正如尼葛洛庞帝所说："在网络中，人是自由的个体存在，即使政府依靠法律和炸弹也不能完全控制人在网上的行动。"①

另外，微博和微信作为网络社交领域中的主要媒介之一，培养了大学生的媒介意识和交往能力，增强了他们的主体意识。马克思在《德意志意识形态》中提出的"个人的全面发展"，也成为社会主义的本质要求，不仅包含人的需要的全面发展、人的素质的全面发展和人的本质的全面发展，还包含人的劳动能力、人的道德、人的社会关系、人的个性的全面发展。

大学生使用微媒介的主要目的之一就是扩大交往的范围。首先表现在学习方面的交往。大学生在学习过程中发现跨学科的应用越来越多，知识结构不断细化，研究成果日新月异，微媒介可以补充学生的认知范围，在微媒介中通过学霸们的榜样示范、师哥学姐的谆谆教诲、老师们的循循善诱，经常发布一些精品文章链接，不断进行知识上的累积，不断调整学习方法，完善知识体系，互相监督，查漏补缺，教学相长，在网络中洋溢着学习的良好氛围，在学习上不断激励自己有更好的提高。其次，社会交往方面，大学生根据自己的需要扩展社交范围。微媒介可以帮助大学生寻找好友、同学、同事、家人、朋友、老师等认识的人，还能够打破所处的地域限制，微信公众平台和微博关注建构新的人际网络，通过"评论""转发""点赞"等功能增加信息的互动，还可以在一些兴趣群组找到志同道合的新朋友。在平等对话的基础上交流，"转发"和"共享"一些资讯和消息。好友之间的互动更加频繁和快捷，沟通更加顺畅和及时，交流方式更加立体和多变。

总之，微媒介在大学生中的广泛普及无疑已经成功拓展其交往的空间，给学习和生活带来极大的便利，越来越多的大学生通过微媒介认识朋友、联系朋友，是思想政治教育必须要关注的途径。

---

① 尼葛洛庞帝著，胡泳等译：《数字化生存》，海南出版社 1997 年版。

3. 乐于抒发情绪

"微时代"大学生的网络空间被无限扩大，可以满足被关注、被重视的自我价值实现，很好补充现实生活中人际交往中的空缺和需求，实现宣泄情绪、发表言论的满足感，扩大话语的影响力，将自己的生活方式、情绪状态、思想变化、人生感悟、价值取向等点点滴滴，以最快的速度最大限度地分享给最多的人，让更多的人和自己同喜同乐、同悲同怒。这对于传统思想政治教育无法确切了解大学生真实思维相比，"微时代"成为思想政治教育者观察和分析大学生生活和心理的契机。

大学生们总会在有意无意之间卸掉伪装，敞开心扉，勇于表达，帮助思想政治教育者洞察他们的真实想法，解开他们的心结，扭转被动局面，提高思想政治教育的实效性。大学生因有追求时尚和个性化生活的心理需求，微媒介正好满足草根话语的文化需求，大批大学生利用自己碎片化的时间刷微博、微信，把微媒介作为自己表达的主阵地，将自己的学习状况、情绪状态、生活细节、人生感悟、心情变化，等等，第一时间传播到朋友圈和关注人群，对社会热点、新闻时事、家乡变化、学校资讯、陈年往事、同学叙旧等内容参与热烈的讨论，表达自己的期望和诉求。微媒介因有虚拟性和隐蔽性，大学生在这种环境下可以直言不讳地倾诉自己的烦恼和困惑，减轻了交往双方的心理压力和心理负担，在网络中得到尊重和认可，满足社会归属感，建立新的情感和信任关系。大学生还会参与一些群组的讨论，这些基于相同或相似的兴趣爱好聚集在一起的同辈群体之间更容易表达自我，沟通更具有随意性，倾诉自身的痛苦和遭遇，宣泄被压抑的不良情绪，释放自己紧张的精神，有利于促进他们的身心健康。

4. 增强主体意识

人类对民主的追求源远流长，民主也成为人类文明程度的评价标准之一。美国学者马克·斯劳卡在 1995 年提出"网络民主"一词，顾名思义，就是网络媒介中的民主，是人们对民主追求在网络中的体现，也是政治民主化的内在要求与网络技术普及融合的结果。在虚拟的网络空间中，没有身份、地位、职业、年龄、性别的区分对待，没有尊卑、贵贱、贫富、种族的差异，人们可以不受现实社会中的顾虑和约束，表达思想的地位是平等、公平的，每个人都可以各抒己见，保留和坚持自己的观点，这样的"网络民主"形式是众望所归的。它不仅畅通全民参与的表达渠道，也扩展民主的监督对象和范围，增强大学生的民主意识，彰显自我个性的表达，提升网络空间的话语权，提高社会主人翁的意识。

大学生在传统的教育过程中一直处于灌输、说教的被动局面，微媒介很大程度上改变了他们接受信息的习惯，不仅可以自我选择信息，还能够成为信息的发布者，突显自己的主体地位。大学生群体时间自由并且充裕，每个人都可以在闲暇时间里参与自己感兴趣的话题，阅读自己欣赏的作品，浏览自己关注的信息。每个用户都是信息的接收端和发送端，在一定的空间内转发、评论、发表自己的观点，什么时候登陆，浏览多长时间，发送给哪些人，传播什么内容，与何人互动，很大程度上取决于自己的意愿。这些正是大学生在网络世界中主体意识的体现，逐渐改变了他们的思维方式、学习方法、生活习惯。

大学生利用微媒介活跃的程度吸引大批的关注者，在虚拟空间中频繁地展现自我、表达自我、认识自我，获得他人的点赞、羡慕、欣赏，增强了自信心和自豪感，不会因为现实社会中同学之间的差异而产生心理隔阂，在平等的交往环境中直抒胸臆，不需要过多考虑他人的感受。他们选择适合自己的传播方式，在所发文字、图片、视频中表达自己对生活的看法和状态，从关注、转载和发布的信息中彰显自己的世界观、人生观和价值观。

二、对思想政治教育的积极影响

1. 扩展思想政治教育的时空

"微时代"是通过微媒介、微社区处理信息的时代，也是全民信息互动的时代，内容更加丰富多彩，传播更加高效便捷，交流更加自由随意。只要拥有移动终端和网络通讯，人们的交流便没有时间和地点的限制，可以随时随地发布和传播信息。在网络环境中，微媒介的传播可以即时到达并且不受距离的限制，实现与传统通讯手段同样甚至更好的效果。在 WIFI 信号覆盖的地方，人们的通讯完全免费，低成本的消费成了信息大众化的动因，极大地满足了大众的社交需求，特别是手机的广泛使用，是拉动"微信息"增长的首要设备，成为"微时代"的广泛使用者和积极推动者。微博、微信、微阅读、微电影、微小说、微社区、微旅行、微公益等微媒介，将世界各个角落包罗万象的现象以最简约、最便捷的方式迅速扩散至人们的日常生活中，人们可以最大化地获取知识、发布信息、点赞评论、交流互动，成为信息的生产者和消费者，实现人与人、人与信息的多维互动，提高信息传递的效率。这对思想政治教育来说也受益无穷，其影响的广度和深度被无限扩大，无疑是其发展和创新的新起点。

2. 更新思想政治教育的载体

中国互联网络信息中心发布的《第39次中国互联网发展状况统计报告》显示，我国手机网民中通过3G、4G上网的比例高达95.1%，特别是流量共享、流量当月不清零、降低漫游资费等"提速降费"举措的落实提供增长的保障。信息技术的迅猛发展促使网络文化现象逐步升温，潜移默化地影响和改变人们的思想和行为。微媒介成为思想政治教育的新载体，教育者可通过这种虚拟平台在第一时间了解和掌握受教育者的思想状况，并展开及时、全面、深入的沟通与交流。从"微"处着手，借助电脑、手机等终端，通过文字、图片、声音、视频等形式生动形象地传递信息，发挥微媒介的"大"力量，促进思想政治教育双方的互动，缩小代沟，思想政治教育对受教育者的影响润物细无声，把传统思想政治教育枯燥乏味的内容转化为富有感染力的信息，无形中渗透到受教育者的内心。

虽然思想政治教育总是处在"一对多"的双向互动中，但"微"沟通改变了传统理论灌输、面对面沟通的困境，无形中提高了思想政治教育的工作效率，有利于营造寓教于乐的和谐氛围，增进教育双方的情感纽带，拉近彼此的距离。双方在相互信任的基础上平等对话，实现思想政治教育网络内和网络外的双向联动。

3. 丰富思想政治教育的内容

《第39次中国互联网发展状况统计报告》表明，网络具有极大的开放性，互联网的基础应用有即时通信、搜索引擎、网络新闻和社交，核心业务已进入相对成熟的发展阶段，用户规模保持平稳增长。人们通过各种信息平台实现双向平等的互动沟通，由信息共享转化成思想共享，教育双方打破主客体之间的心理隔阂，尊重受教育者的主动性。思想政治教育者成为教育的策划者和实施者，拓展多样化、差异化的服务类型，制定针对性产品满足用户线上线下各种需要，将理论和观点在网络上发表，通过学生喜闻乐见的方式吸引受教育者积极参与其中。教育者通过受教育者的匿名不匿名的反馈及时调整思路和工作方法，满足"微时代"受教育者对个性化新闻的需求，加速传统思想政治教育和新媒体的融合，为受教育者提供浏览、学习、分享、评论的平台，创造开阔视野的机会，积极参与社会舆论，在实现中国梦的关键阶段，凝聚中国力量，弘扬中国精神，坚定中国道路。[①]

　　思想政治教育增强的互动性拉近了教育双方的距离，实现从静态到动态、平面到立体的资源共享，使思想政治教育更加形象化和生活化，网络的灵活性给思想政治教育的内容和方式带来创新的源泉，在轻松愉快的氛围里感受思想政治教育的魅力。

　　4. 拓宽思想政治教育的环境

　　"微时代"伴随着网络媒体多元化产生，使人们之间信息的传播途径、交流的思维模式、教育的接受方式悄然改变。《第 39 次中国互联网发展状况统计报告》显示，中国在线教育的规模已达到 1.38 亿人次，移动化的特征越来越明显，手机在线教育用户规模为 9 798 万人，手机在线教育用户使用率为 14.1%。由于需求旺盛，发展空间广阔，在线教育规模不断扩展，领域不断细化，服务不断完善。丰富的教育资源拓宽了高校的教育环境，打破了书本、课堂、教师、高校的局限，摆脱了教育者依赖书本文字的束缚，任何人都有成为教育者的可能，大家在互动中学习，在交流中进步。

　　移动教育的逐步形成促使思想政治教育朝着多元化的方向发展，在微媒介的帮助下节省了大量时间，加大、加深了双方的交流。微媒介构筑的文化具有更加广博的内容和范围，可以创造出积极向上、平实大众的思想政治教育新氛围。通过"微语言"强化受教育者的自我意识，开展"微公益"凸显自我价值和自我认同，彰显独立个性和人际交往能力，多样性的传播方式优化了思想政治教育的环境，为思想政治教育占领新的思想阵地提供了机会。

　　5. 提高思想政治教育的实效

　　"微"，顾名思义，具有细小、细微之意，其各种"微"字当头的传播工具席卷而来并渗透到大众的日常生活之中。它们具备内容短少、语言精炼、操作简单、传播便捷等特点，可以节省大量分享信息、浏览信息、评论信息的时间和精力，避免传统的语言、逻辑、格式的规范形式。特别是转发、转载和定时推介功能的开发，变主动阅读为被动阅读，信息更加对口，投递更加精准，极大地推动信息即时性的发展，满足大众每时每刻"晒生活""晾心情""发感慨""言体会"的需求。这有利于思想政治教育者通过受教育者发布的信息、转载的内容和评论的语言，实时掌握他们的思想动态，对关心的

———————————

[①] 黄军利：《浅析网络舆论对大学生思想政治教育工作的挑战与机遇》，《思想教育研究》，2014（11）。

问题和心里的疑惑及时回复并解疑，尤其是对有心理障碍、思想消极、生活颓废的受教育者进行心灵的沟通和及时的疏导，进行针对性的交流和教育，帮助他们解决思想和生活中的现实问题。于"微"中来交融，于"微"中见真情，于"微"中体爱意，架起关心、关爱的桥梁，实现显性教育和隐性教育的融合。内化于心，外化于行，从认识上进行升华，从行动中见成效，从而实现教育主体由"认识主体"向"实践主体"的转化，有助于增强思想政治教育的实效性。[①]

因此，"微时代"已经成为大学生思想政治教育的组成部分，渗透到大学生日常生活的方方面面。即时通信、新闻、搜索、音乐、视频、直播、教育、医疗、租约车、购物、游戏、文学、旅行、邮件、投资、地图、外卖、慈善，等等，给大学生的日常生活和学习带来极大的便利，但同时也出现了很多问题和挑战。"微时代"就像一把双刃剑，思想政治教育工作者需要认真分析它所带来的影响，在开展思想政治教育活动中尽量避免消极的作用，规避不利的影响，促进积极的作用，推动思想政治教育朝健康向上的方向发展。

---

① 段颖惠：《思想政治教育主体的沟通"微"机制建构》，《教育评论》，2014（11）。

第五章
微话语：关注高校思想政治教育者的新变革

互联网的迅猛发展带来信息的极大繁荣，人们几乎每天都被海量信息所湮没。因此，短小精炼的信息深受网民的欢迎，"微时代"已悄然改变我们的生活方式、社交关系和思维模式。大学生思想政治教育面临开阔认知视野、拓宽交往空间、乐于抒发情绪的机遇与过度依赖手机、造成认识偏差、降低信息主导的挑战。因此，高校思想政治教育应该创新教学载体，善用"微"宣传话语，开展"微"网络活动，实现思想政治教育的与时俱进。

第一节　思想政治教育话语体系的重塑

一、现代思想政治教育话语

话语承载着人类的思想，可以在最大范围内进行信息传递，它来源于和产生于人类的实践生活，是一种独特的思想符号，是区别于动物的主要标志之一。它是按照一定的语言规范、规则和规律，用一定语言反映人们的思想和精神，以建构人们现实社会存在关系的实践活动。话语主体总是依据自身的认知和理解来选择话语内容，话语能够影响话语主体的思维判断与实际行动。在社会中谁掌握着社会的话语权，就体现其社会地位的显赫，一定程度上反映权力的大小，决定社会力量的强弱，它一度成为阶级统治的传播工具。

思想政治教育工作的开展是运用语言来实现思想政治教育目标的一种实践活动，通过话语来引导、教育、启发、规范受教育者，根据一定的社会要求，把个体培养成符合社会发展需要的人。思想政治教育话语是在教育者和受教育者双方之间不断沟通的载体，把握思想政治教育话语可以很好地了解受教育者的思想动态，传递教育者的目标和教育内容。教育话语是在教育实践过程中，通过一定的语言实践规则、规律，在特定的话语语境中的话语主体间用来促进彼此的沟通，以及描述、解释、评价、建构某种特殊信息或内容的言语符号系统。思想政治教育话语既属于教育学话语形态中的一种，但又隶属于马克思主义理论学科的话语形态，具有双重属性。思想政治教育话语既要汲取教育学领域话语的内容，又要汲取马克思主义理论学科话语的内容。邱仁富博士认为，思想政治教育话语是指在一定社会主导意识形态支配下，遵循一定的语言规范、规则和规律，并在特定的话语语境里，思想政治教育活动过程中的教育者和受教育者用来交往、宣传、灌输、说服，以及描述、解释、评价、建构思想政治教育内容和主体间思想观念、价值取向和行为表征言语符号系统。思想政治教育话语既要传承一般教育话语的内涵，肩负起一般性的传播使命，又要吸取一定社会的主导意识形态话语的内涵，肩负其特殊的灌输使命。[①]网络思想政治教育话语主要有聊天话语、评论话语、传媒话语和官方话语等，即出现在网络中的一切语言都属于网络思想政治教育话语的内容。

二、"微时代"思想政治教育话语的现实境遇

《2015年中国社交应用用户行为研究报告》显示，现实生活中的朋友、同学、同事在社交应用的联系人中占比最高，占80%以上，老师或领导的关注比例为62.4%，排名第五位。因此，"微时代"思想政治教育的话语权虽然被消减，不是绝对的权威，但教师的"微"话语在大学生中还有一定的地位和影响。由于大学生的人生观和价值观很容易受网络信息的影响，并且网络文化在大学生日常生活中的角色愈加凸显，因此，加强对网络文化内容的监督，树立教育者的话语权威显得尤为重要。在全球化的影响下，思想政治教育话语受到全球话语的扩张和渗透，在"微时代"快速发展的时候，传统思想政治教育在网络中一度出现集体失语、话语失效的现象。面对多元文化的冲击，思想政治教育话语只有审时度势，把握机遇，思想政治教育才能乘势而上，取得不俗的成效。

1. 削减思想政治教育话语的权威性

"微时代"的话语表达更加民主化、开放化、自由化，是网络大众话语的狂欢时代，"人人都是自媒体"，话语主体的扩展给思想政治教育的权威性提

---

① 邱仁富：《思想政治教育话语理论探要》，上海大学博士论文，2009年。

出严峻的挑战。首先，思想政治教育话语和微信息数量的扩张相比呈天壤之别。"微时代"信息内容短小、精悍，大量用图片替代文字，对于信息发布者来说无需花费很多时间思考和操作，甚至只需动下手指即可。这种随意性和便捷性促使微信息星罗棋布，再加上智能手机和网络的普及，人们随时随地可以发布、接受、转发、评论各类信息。这种草根化的门槛设置也促成微信息的铺天盖地，所蕴含的各种思想随着浩如烟海的信息传播出去，思想政治教育的话语在恒河沙数的信息中稍纵即逝。其次，病毒式的传播速度影响思想政治教育话语的接受。微信息便捷的传播模式备受大学生的推崇，快节奏生活的人们很容易接受，传统思想政治教育话语停留在课堂和官方网站上，陈旧的内容很难吸引朝气蓬勃的大学生，而他们却在微信息的传播中起到不可估量的作用。大学生在开放的微信息中徜徉，借助于网络和移动终端轻而易举获取想要的内容，比思想政治教育更具有针对性和自觉性，甚至能够取代思想政治教育者的作用，让思想政治教育话语面临"失语"的尴尬境地。当遇到突发事件时，大学生的猎奇心理促使信息在网上疾速转发，造成思想政治教育话语的公关危机。

2. 取消思想政治教育话语的单一性

"微时代"民众话语权的崛起，自由言论和多样化的表达方式异军突起，文字、图片、语音、视频、动画等多种形式的展现使微信息泛滥成灾，思想政治教育话语成为沧海一粟，弱化了思想政治教育的影响力和引导力。全球化浪潮的席卷，各国的文化蜂拥而至，西方资本主义价值观念乘虚而入，各种迷信、腐朽、落后、低俗、色情、极端的言论和思想渗透到大学生的日常生活中，大量消费刺激的广告影响了大学生消费观的形成。信息的内容杂乱不堪，缺乏社会经验的大学生抵御能力较弱，容易接受与思想政治教育话语截然相反的观念。娱乐化和物质化的微信息容易误导他们的思想和观念，阻碍他们正确世界观、人生观、价值观的形成，冲击思想政治教育的话语。以网络流行语为标志的网络语言具有生动、形象、立体、幽默、简洁等特点，恰好迎合网络大众的口味，迅速风靡网民之间。纵观网络流行语的发展，可以看出原创性、雷人、恶搞的语言越来越多，和传统思想政治教育话语相比更加有吸引力。大学生在微信息中喜欢发布心情和生活，思维活跃，乐于接受新鲜事物，具有创造力和积极性，是网络流行语的积极创造者和推动者。在这种环境中，思想政治教育话语的语言分量逐步削减，其流传度和吸引力也逐步减小。

3. 弱化思想政治教育话语的导向性

全球化话语的走向决定了思想政治教育话语导向性的弱化。受到多元化思想的渗透和冲突，思想政治教育一直在信息全球化的过程中以及与世界民族文化的融合中寻求中国特色、中华风格、中国气派，但是在网络发达的现代社会，思想政治教育不免还是处于弱势地位，民族主义、自由主义、个人主义、民主社会主义等社会思潮在不断地瓦解思想政治教育话语体系。思想政治教育话语体系大都是宏观上的理论，而微信息却是虚拟的微观世界，用宏观的话语规范来引导微观的言语行为，改变逐渐在微媒介中形成的网络话语体系，很难引起大学生的共鸣，阻碍思想政治教育话语的发展。在虚拟的网络社会，话语表达的真实性不断降低，各种蛊惑人心的谣言和流言蜂拥而至，西方话语的霸权主义也乘虚而入。西方的民主、文化、价值对我国民族地区和边疆地区不断渗透，逐步挤压思想政治教育话语的发展空间，甚至思想政治教育话语会出现"失语"的状态。此外，思想政治教育者本应是话语权的主导者和掌握者，但网络社会却要求人人平等，微媒介更是提倡人人都是自媒体，两者在网络社会中必然会引起一定的矛盾和冲突。如何解决这个矛盾关系着思想政治教育发展的未来，也关乎着建设中国特色社会主义的文化建设的成果。

三、思想政治教育话语的发展本质

2016 年 12 月，习近平总书记在全国高校思想政治工作会议上强调："好的思想政治工作应该像盐，但不能光吃盐，最好的方式是将盐溶解到各种食物中自然而然地吸收。"这是习总书记对思想政治教育在大学生中作用、方法、本质等方面最形象的论述和指导。下面通过习总书记生动的比喻来分析思想政治教育话语的发展本质。

1. 突出主体的自我需要

思想政治教育的"盐"功能，就像我们一日三餐中的主要调味料一样，高校教育是不可能离开像盐一样的思想政治教育。盐是人类身体不可或缺的必要元素，是人类生存最重要的物质成分之一，具有清热解毒、凉血润燥、杀虫消炎、催吐止泻、帮助消化、参与体液代谢等功效，具有维持人体渗透压和酸碱平衡的重要作用。思想政治教育像盐一样，是中国特色社会主义建设过程中必不可少的内容，是大学生成长成才的要素。懂得思想政治教育的价值才能够把思想政治教育做好做强，才能使教育者和大学生自愿学习和接受思想政治教育。

思想政治教育话语的本质体现着教育者对受教育者所施加的具有明确价值导向、有针对性、计划性地改变受教育者的思想意识和行为规范，使其知晓社会发展的需求，认清自我的价值，重视思想政治教育的作用，树立正确的理想追求，不断提高思想觉悟。思想政治教育话语中要注重话语的差异，就像每个人对盐的口味不同一样，重视区别对待，贴近大学生的口味，恰如其分，因人而异。思想政治教育需要掌握大学生成长的规律，遵循思想政治教育工作的规律，切实提高思想政治教育的感召力和实效性，让大学生感受思想政治教育的美味可口，从中不断汲取营养。

思想政治教育话语是在一定的语言规范、规则和规律指引下，思想政治教育活动主体通过语言对一定的思想政治教育内容、方式和评价进行传递、沟通、描述、解释和建构，以教育、宣传和说服为陈述方式，来满足受教育者某种价值需要的各种表达性语言和象征性语言的符号系统在社会实践中的运动。现代思想政治教育话语涵盖了思想政治教育的各种信息，一方面要借助强制性的话语方式来满足党的执政地位和国家总体发展的需要；另一方面又要通过说服、吸引和感召等非强制的话语方式来增进话语双方的理解、接受和认同话语所承载的思想政治信息。

现代思想政治教育话语面临着如何使话语双方对党和国家所主导的思想观念、政治观点和道德规范获得认同，并建构起引领话语双方共同发展的思想信仰和价值理念的问题。现代思想政治教育话语，一方面要摒弃实践中的主客体二分现象，建构和谐平等的主体间性关系，促进话语内容在话语双方的合理流动，以及消解教育者话语霸权；另一方面还要保持教育者与受教育者之间话语张力，突出话语双方在思想政治教育话语中的主观能动性，体现思想政治教育话语的引导和调控功能。①

2. 注重大学生的思想认同

盐的摄入要适度：食用过多会引起高血压、水肿、感冒、心脏病、胃癌、白内障等疾病；食用过少造成体内水分大量流失、酸碱平衡被打乱、食欲不振、四肢无力、眩晕、心率加速、恶心呕吐、血压下降等疾患。思想政治教

---

① 向绪伟：《现代思想政治教育话语研究》，南昌大学博士论文，2015年。

育就像盐一样，对大学生来说也必须掌握适度原则，注重他们的思想认同：思想政治教育灌输过多，政治口号过浓，会引起大学生的集体反感，产生逆反心理，对思想政治教育进行抵触和拒绝；思想政治教育宣传过少，渗透不到位，会造成大学生思想涣散、价值取向不一，人心不稳，阻碍中国特色社会主义的建设。因此，思想政治教育话语应该改变传统的灌输方式，不应对受教育者进行思想上的绝对控制，不应偏离受教育者生活的具体需要，应充分尊重受教育者的主体地位，注重话语传输的质量和用途，重视思想政治教育话语的时代性和方向性。不能使用"劣质盐"，要多使用"精品盐"，将"精品盐"充分溶解到社会文化生活中，将思想政治教育话语渗透到受教育者的日常生活和实践中，真正成为每个大学生思想和行动的准则，由内到外接受思想政治教育，提高对社会主义核心价值观和中国特色社会主义理论体系的认同。

思想政治教育话语是传播思想政治教育的语言工具，是与受教育者进行互动和认同的主要方式，目的是让受教育者接受和理解所宣扬的价值体系，更好地了解、践行社会规范、道德准则、法律制度。但是，"微时代"的思想政治教育话语需要改变传统的命令式、灌输式，用大学生喜闻乐见的形式，充分发挥他们的主体性和能动性，选择有益的教育形式和内容，引导大学生的行为和实践活动。只有满足大学生的内在需要和利益诉求，思想政治教育话语才能真正发挥作用，引领社会的风气和规范。

思想政治工作是一切工作的生命线，思想政治教育话语也必须涵盖所有的内容和领域，与经济话语、政治话语、文化话语、社会话语和生态话语相结合，不能单纯地从所有文化中专门独立出来。盐过浓会咸，将思想政治教育话语建构成为大学生的内在知识体系，逐渐形成自我意识，给中国特色社会主义建设增加新的活力和内涵。与此同时，思想政治教育话语必须与时代结合，与世界接轨，向更加微观的领域发展。盐过淡则无味，在世界多元化话语的冲击下，思想政治教育话语必须紧跟社会主义意识形态，避免思想政治教育话语在国际舞台上没有展现的空间，导致思想政治教育"失语"的情况出现。因此，思想政治教育话语不能过于强调政治性，也不能失去意识形态的引导，要在两者之间找到思想政治教育话语被大众认可和接受的最佳宣传途径，才是思想政治教育突破的重要节点，培育大学生对中国特色社会主义道路自信、理论自信、制度自信、文化自信。

3. 扩展思想政治教育话语的影响空间

盐虽然对人类来说是必不可少的物质，但是人们不可能为了吃盐而吃盐，盐基本都是渗透在食物之中，食物才是人们的焦点所在。盐和食物相比，食物应该是主体地位，盐只是辅助食物成为色、香、味、意、形俱佳的饕餮大餐的一部分，不应该本末倒置。思想政治教育工作和美食是一样的道理，思想政治教育只是大学生精神文化中的一部分，文化的内容博大精深，思想政治教育是文化的重要调味品，需要渗透到文化领域的方方面面，不是只关注高校教育的内容，还涵盖主流文化、精英文化、大众文化、网络文化、礼仪文化、服饰文化、校园文化、企业文化、物质文化、行为文化、制度文化等等各个领域。就像盐要充分溶解在食物中一样，思想政治教育需要润"思想文化"于无声处，充分结合文化的内容调和味道，做成让大学生爱吃、想吃、百吃不厌的精神大餐。

拿破仑曾说过："世界上只有两种强大的力量，即刀枪和思想；从长远看，刀枪总是被思想战胜的。"由此道出思想政治教育的重要性。传统思想政治教育形式枯燥，我们需要改革教育的方法，把思想政治教育嵌入到大学生的日常生活和实践活动中来，呈现名目繁多的含有思想政治教育内容的文化和生活。就如习总书记所说的，食物中看不到盐的存在，但却在吃的时候不知不觉吸收了它。法国思想家卢梭也曾表达过最好的教育是无所作为的教育，却能够实实在在影响学生的心灵。因此，思想政治教育本身并非单调、枯燥、乏味，思想政治教育话语的表达可以体现在一部电影、一首诗歌、一段新闻、一本书籍、一封信件之中，它可以存在于人们日常生活的点点滴滴中和人们社交活动的方方面面，让思想政治教育话语像中国美食一样传播到世界的大街小巷，引导人们树立积极向上的价值观。

四、现代思想政治教育话语的改革创新

创新是思想政治教育话语发展的动力，是推动思想政治教育话语与时俱进的重要力量，全面深化改革是"四个全面"战略布局中的重要内容。2017年，李克强总理作的《政府工作报告》中，"改革"热词出现的频率首次超过"经济"，表明党和国家改革的态度和决心，充分说明国家的发展、社会的进步离不开改革。思想政治教育也必须在改革中前进，思想政治教育话语的改革一定程度上体现了国家改革的力度和深度。

1. 思想政治教育话语的理念创新

思想政治教育话语的理念创新是要求革除传统思想政治教育话语的固定思维模式，以新的思想、新的观点、新的表达方式推动实践过程的新发展。党的十一届三中全会召开前夕，邓小平同志在中共中央工作会议闭幕会上发表"解放思想，实事求是，团结一致向前看"的讲话，发出令全中国振聋发聩的声音，正是不断地"解放思想"，改革开放才取得举世瞩目的成就，震撼着世界各个国家和人民。因此，解放思想成为党的思想路线的本质要求，是发展中国特色社会主义的思想保证，对思想政治教育话语内容的革新有巨大的指导意义。理念创新是思想政治教育话语改革创新的灵魂，是进行一切改革的思想动力，要求能够充分解放思想，与时俱进，求真务实。马克思辩证唯物主义告诉我们，人类社会的认识历史必须遵从实践—认识—再实践—再认识的发展规律，认识来源于实践，认识的目的又是为了更好地实践。实践是我们必须重视的起点，要以实事求是的态度深入实际，调查研究，掌握思想政治教育的效果，根据反馈内容，积极主动地调整思想政治教育方法和手段，在总结大量正反两方面经验教训的基础上，不断将感性认识上升到理性认识，实现真正的创新。

因此，理念创新必须是在实践基础上的创新，必须紧密结合实践的结果，而非凭空想象的创新。根据时代的进步和现实的发展，破除人类大脑中固有的思维定势，不断紧跟和超越现实生活，大胆探索客观世界，对旧观念进行及时的否定和更正，进行理性的分析和判断。遵循认识发展的客观规律，理论联系实际，不能照搬照抄他人的经验和模式，反映客观发生的事实和变化，有针对性地调整实施方案和战略，在实践中不断提升理论认知。"微时代"思想政治教育话语的领导地位受到严重挑战，信息传播渠道更加多样，信息传播速度更加快捷，信息涵盖内容更加丰富，思想政治教育者不再是信息的绝对权威，大学生获取信息的能力在提高，对信息的掌握力在加强。如果思想政治教育者还不能快速转变思想和观念，对教育方法和途径没有创新和改革，那思想政治教育话语就会加剧弱化。

2. 思想政治教育话语的内容创新

思想政治教育话语的内容要随着时代的发展和中国特色社会主义建设的步伐不断创新和发展，摒弃不适应时代的落后思想政治教育内容，不断更新和创造思想政治教育新的话语内容。传统思想政治教育话语有中华民族优秀的传统文化，也有一定落后、过时的思想和话语，我们需要对优良的文化进一步宣扬，很好地继承和延续具有中国魂的思想和精神。诸如孝敬父母、尊师敬长、团结友爱、立志勤学、自强不息、谦虚礼貌、诚实守信、严己宽人、人贵有耻、见义勇为、整洁健身、求索攻坚、勤劳节俭、见利思义、敬业尽责、清正廉洁、爱国爱民，天下为公的中华民族传统美德；不怕牺牲、前仆后继、勇往直前、坚韧不拔、众志成城、团结互助、百折不挠、克服困难、忠诚爱国的长征精神；胸怀理想、坚定信念，实事求是、勇闯新路，艰苦奋斗、敢于胜利，依靠群众、无私奉献的井冈山精神。还有延安精神、西柏坡精神、雷锋精神、"两弹一星"精神、抗震救灾精神、载人航天精神，等等。思想政治教育话语的内容必须弘扬民族精神和时代精神，让"微话语"丰富和发展它们，具有感染力，体现时代性，还要富于创造力，不断挖掘传统思想政治教育内容中的精神和灵魂。思想政治教育话语的内容还必须在中国特色社会主义建设道路中面临各种新情况时，建设和发展中国化的马克思主义理论，坚持贴近实际、贴近生活、贴近群众的原则，对现实的生活和实践进行思想道德引导，满足大学生多层次、多方面、多样化的精神文化需求，赋予传统思想政治教育话语新的内涵。另一方面，思想政治教育话语内容还要充分吸收世界优秀的文化成果，引入部分有效内容加以改造，同时输出自身的文化特质，在不同文化的共享和调适中增强中国特色社会主义文化的民族性和世界性，在世界意识形态的争夺战中既维护国家的文化安全，也对国外意识形态建设中出现的问题引以为戒。

3. 思想政治教育话语的载体创新

高校思想政治教育中教材和课程是思想政治教育的主要载体之一，是一种文本话语，是大学生认识历史和世界的重要窗口，是思想政治教育话语的主要阵地，思想政治教育话语的载体创新最早就要从教材和课程入手。

中国古代思想政治教育虽然没有系统的知识体系，但却渗透于所有的教育内容，蕴含着丰富的话语材料，我们需要对其进行挖掘、梳理、整合、创新。近两年中央电视台诸如《中国汉字听写大会》《中国成语大会》《中国诗词大会》《见字如面》《朗读者》等节目从古人的智慧和情怀中汲取营养，寻文化之根，在众多娱乐化过重的节目中如一股清流俘获万千观众的芳心，让中国传统文化与现代社会碰撞出激情的火花，在一次次美丽的邂逅中重燃找寻中华文化基因的热情，是弘扬中华优秀传统文化的成功示范。

思想政治教育话语可以从中国传统文化中寻找根源和诠释，对"微语言"进行复古性的创新，找到现代文化与传统文化的契合点。最近网友就对部分网络流行语进行传统文化的解释，让网友大呼"中华文化原来这么美"。例如"有钱，任性"解释为"家有千金，行止由心"；"主要看气质"解释为"请君莫羡解语花，腹有诗书气自华"；"也是醉了"解释为"行迈靡靡，中心如醉"；"重要的事说三遍"解释为"一言难尽意，三令作五申"；"世界那么大，我想去看看"解释为"天高地阔，欲往观之"；"吓死宝宝了"解释为"堪惊小儿啼，能开长者颐"，等等。这说明网络流行语其实也可以成为我们弘扬传统文化的一种话语方式，只是我们如何来引领和创新。

思想政治教育话语的创新还必须回归生活和现实，微博和微信在大学生参与人数上成为一道亮丽的风景线，思想政治教育话语载体的新建和转移势在必行。大学生作为微博和微信的忠实粉丝，思想政治教育话语创新可以在"微"平台上一展身手，利用微媒介的即时性、裂变式传播特点，成为宣传马克思主义和中国特色社会主义理论体系、社会主义核心价值观、中国形象、高校政策、社会热点、校内外交流的重要载体，实现思想政治教育话语从现实到虚拟世界的延伸。

为提高高校思想政治教育的效果，借助微博、微信等微媒介的宣传和筛选健康向上的内容，提高甚至重塑话语权，都成为高校思想政治教育工作者亟待解决的问题。我国正处于社会转型阶段，网络话语必然带有社会和时代的特征，社会价值观的变迁也体现在网络话语中。"微时代"的"微"话语更加简洁生动，以富有情趣和创新的特点吸引具有强烈的好奇心和求知欲的大学生，在大学生日常生活中的影响日益浓厚，左右着大学生的价值判断。要摒除不良思想侵入大学生的价值观和思维模式，思想政治教育工作者必须关注"微"话语。"微"话语一定程度上可以反映他们的价值取向，特别是当与社会主义核心价值体系相冲突的负面新闻出现时，教育者必须加强这种舆情民意的监督和引导。

第二节　思想政治教育教师队伍的建设

2017年2月，中共中央、国务院印发的《关于加强和改进新形势下高校思想政治工作的意见》指出，要加强教师队伍和专门力量建设。强调要提升教师思想政治素质，加强思想政治工作，建立中青年教师社会实践和校外挂职制度，加强师德师风建设，增强教师教书育人的责任担当。要完善教师评聘和考核机制，增加课堂教学权重，引导教师将更多精力投入到课堂教学上，完善教师职业道德规范，实施师德"一票否决"。高校思想政治工作队伍和党务工作队伍具有教师和管理人员双重身份，要纳入高校人才队伍建设总体规划，形成一支专职为主、专兼结合、数量充足、素质优良的工作力量。

一、提高思想政治教育教学能力

1. 加强信息人才的培养观念

随着国际竞争的加剧，信息瞬息万变，为了寻求在错综复杂的国际环境中快速地获取信息，即时做出正确的判断和对策，各国都大力发展科技信息教育，加速培养具有应变能力的优秀信息人才。首先，人才的教育必须适应时代发展的要求。全球化影响着各国的科技、经济、社会和教育向整体化发展，对信息人才的培养提出了新的要求，而且也为信息专业的改革与发展提供了一个广阔的时代大环境。各学科之间的渗透、综合和汇流，产生了一大批新的横向学科、交叉学科和综合技术。这为信息教育的改革发展创造了一个宽厚的学科基础，对信息人才培养的内容和教育的方法都产生了决定性的影响。必须采用"通才"的培养模式，必须用思想政治教育来武装人的头脑，向着综合化教育的方向发展。思想政治教育者需要立足教育改革，大刀阔斧地更新与信息发展相一致的课程，提高理论基础知识和实践的操作能力。其次，思想政治教育不仅仅培养能够适应迅速变化的人才，还要培养全面的具有自我学习能力的人，坚持"面向世界、面向未来、面向现代化"，以培养创新型信息人才为最终目标。信息教育不仅要为当前培养适用的思想政治教育者，还必须把教育的视野延伸到未来，进行超前的思维和探索。要转变思想政治教育观念，把以知识传播为主转变为以提高综合素质特别是创新素质为主的观念，教育学生善于学习、研究、实践的方法和能力；改革课程设置和教学，使学生具有合理的知识结构；积极采取灵活多样的教学方法和教学手段，因材施教，注重学生个性发展；教学组织形式由以教师为主转变为以学生为主，考试方法由以考试知识为主转变为以考核能力为主，以考记忆力为主转变为以考创造力为主，扩大学生的知识面，提高学生的实际动手能力，以便适应社会对人才的需求。[①]

---

① 游五洋，陶青：《信息化与未来中国》，中国社会科学出版社 2003 年版，第 401 页。

思想政治教育者需要树立信息人才培养的观念，具有敏锐的观察力、注意力，丰富的想象力，灵活的应变力，思维的创造力。“微时代”思想政治教育的内容既包含牢固扎实的自然科学文化知识和人文社会科学知识，还应拥有健康的身体和心理素质，保持良好的心理状态，更要具备快速获取信息，熟练运用信息技术，精准判断和传播信息的良好信息素养，能够掌握现代化信息技术知识与技能，以适应未来信息社会对于教育人才发展的各种要求。

2. 培养运用教学技术能力

“微时代”思想政治教育的空间具有二重性，即现实生活和虚拟世界。

首先，现实生活是思想政治教育的主战场，思想政治教育的目的不只是“说理”，更在于“服人”，不只是告诉大学生应该怎么做，更要告诉他们为什么这么做。因此，如何说理成为思想政治教育的重点和难点。建立思想政治教育双方之间平等的沟通和交流平台，通过媒体技术将晦涩难懂的理论知识进行形象化的处理，运用互联网庞大的信息量提供丰富多彩的案例和材料，善于采用各种图片、声音、视频、动画等多媒体技术，将思想政治教育内容鲜活起来，更加生动具体，更具有说服力和感染性。思想政治教育为了达到“外化于行”的目的，还需要积极组织各种实践活动，贴近大学生的日常生活，发挥其主观能动性，积极运用多媒体技术精心设计活动方案，构建适合思想政治教育开展的交流情境，引导大学生通过互联网搜索和查询所需要的信息和资料，培养他们的参与意识和实践能力，在活动中增强集体荣誉感和团队意识。高校课堂中的思想政治教育也是不应忽视的部分，思想政治教育者需要善于利用各种多媒体技术，结合新兴的“慕课”“微课”等多种教学方式，避免教学方式的单一化。在课堂中让学生积极参与讨论，引导学生善于利用互联网自我学习、自我教育。

其次，虚拟的网络世界是思想政治教育越来越关注的空间。思想政治教育者利用大学生基本都能熟练操作微博、微信、QQ等社交工具，积极组织各种途径与之交流，从组建班级群到特殊群，从全体沟通到单独交流，都要求思想政治教育者积极掌握各种网络媒介，充分利用校园网的双向互动功能，最大限度地扩展思想政治教育空间，将思想政治教育与微媒介有效的利用和融合，提高对信息的甄别、解读、分析能力。要研究微平台中高校思想政治教育工作的新规律，发挥全员育人的观念，避免网络中不良信息和功能对大学生进行渗透。要坚持主流价值观在网络中的领导地位，消除有害信息和谣言的不良影响，扩展网络中思想政治教育的作用力。

3. 建立平等和谐的师生关系

传统思想政治教育中的教育关系实际上是一种不平等的教育关系，老师不仅是思想政治教育过程的控制者、思想政治教育活动的组织者、思想政治教育内容的制定者，而且是受教育者的评价者。传统高校思想政治教育中师生不能在平等的水平上交流意识，探讨科学知识，大学生的创新能力也很难得到良好的发展。"微时代"大学生的独立个性表现越来越明显，极大地激发其创新精神和提高创新能力，个体之间心理特征、生理素质、兴趣爱好、理想追求、价值取向存在巨大的差异。思想政治教育要改革教学方式，因材施教，培养多种多样能够适应现代化、信息化的各种人才。大学生要根据自身需求，对思想政治教育者的言传身教进行加工、创造、吸收，使其纳入原有的知识体系之中，并在此基础上形成自觉的评价标准。思想政治教育者的首要任务就是营造一种活泼平等的教育氛围，使学生形成一种以创新的精神汲取知识、运用知识的心理愿望和性格特征，帮助学生能够创造性地应对网络环境的变化。不管信息社会如何发展，思想政治教育如何改革，思想政治教育必须积极与学生保持沟通和接触，除了关注大学生的知识理论体系，更要着重培养各种非智力因素。思想政治教育者需要培养大学生"自我发展"的素质，过度的保护和依赖会使大学生丧失接受挑战和独立思考的机会，限制他们的想象空间。因此，思想政治教育者需要使大学生学会学习、学会做事、学会共同生活、学会生存、学会思考、学会创新，以生活中的关心和帮助来消除双方的隔阂和芥蒂，实现思想政治教育双方真正的平等。为了确保思想政治教育的成效，思想政治教育者必须重视大学生的感受，寻找最恰当的方式，创造良好的交际效果和人际环境，以无私的奉献给予大学生人文关怀，构建平等和谐的师生关系，保证思想政治教育双方之间的沟通顺畅。

二、提高思想政治教育者的素质

1. 网络媒介素养

在网络技术已经被高校广大思想政治教育者所掌握的状态下，网络媒介素养也就成为必要的培训内容，这是时代发展的客观要求。加强网络媒介素养教育，不仅是一种知识和技能教育，更是一种思维方法的教育。

思想政治教育者需要掌握终端设备一些常见的使用和维护技能，互联网技术的使用只是拉近与大学生距离的平台，计算机的简单维护是思想政治教育处理特殊情况时的必备手段。思想政治教育者需要能够利用网络媒介搜集和整理具有思想政治教育内容的资料和信息，在复杂多变的网络社会中善于从大学生关注的领域和内容进行有针对性的思想政治教育。大学生不但是思想政治教育的对象，还是思想政治教育的主体，更是思想政治教育的内容和素材。思想政治教育者可以在大学生中寻找案例，运用互联网和微媒介来宣传思想政治教育。

思想政治教育者的网络媒介素养教育还体现在能够正确理解网络媒介中信息的重要性，充分合理利用网络媒介来完善自我，理性辨别网络媒介信息的真伪，不盲目传播有害的信息和谣言，恪守各项法律法规，做好网络世界信息的"守门人"。在开放的网络世界中，各种人群的素质参差不齐，他们的诉求、背景、年龄、性格、爱好、教育、知识等千差万别，对媒介的偏好、认知、选择也大相径庭，但由于每个人都可以成为微信息的发布者，思想政治教育者在网络世界的地位和作用就显而易见。

思想政治教育者还需要加强网络媒介信息意识的培养，提高对网络信息的敏感性和洞察力，能快速有效地发现并掌握有价值的信息。还要培养思想政治教育对信息分析和处理的能力，在海量网络信息中具备筛选、甄别、分析、加工的能力。思想政治教育者具备较强的媒介运用能力、媒介批判反思能力、分析制作信息能力，遇到与主流价值观相抵触的信息时应保持冷静和清醒，增强网络媒介法制意识和社会责任感。只有思想政治教育者自身拥有较高的网络媒介素养，才能更好地进行网络思想政治教育，在泥沙俱下的网络信息中明辨是非，杜绝网络谣言的产生和传播，净化思想政治教育的网络环境，发挥思想政治教育的积极作用。

2. 网络道德素质

道德文化的构建在现代化建设中居于重要的地位。人是现代化建设的终极目的，现代化建设必须依靠人，因此人的素质在现代化建设中的地位显而易见。道德建设必须把国民道德素质的提高视为根本任务，网络信息的建设也应当把网民的道德素质作为重要内容。中国素来以礼仪之邦著称，道德伦理是中华民族向来推崇的重要内容，我们不能丢掉思想道德建设的旗帜。当代中国正处于社会主义转型时期，道德文化也走向多样化。多元价值取向的伦理文化由于给个人与社会群体提供了较多的选择而有利于人们主体精神的发挥，同时，也有利于人们对异质道德文化的宽容精神得以生成和发展。

对于现代社会和现代人来说，善不应是一轮皎洁的明月，而是璀璨的群星辉映。比如在人格追求上，有人崇尚生产性人格，力求在富有创造性的、充满自由的生活与行动中实现人生的价值；有人追求以个人内心体验为依据的完善人格，努力求达自我实现；也有人着眼于现实利益，追求作为社会角色的价值。前两种人格追求的道德性毋庸置疑，后一种虽不那么光彩照人，但由于和中国现代化目标并不抵牾，且与大众的一般心理需求水平相吻合，同社会赏罚方向同构，因而同样具有合理性，完全有资格与前两种人格设计多元共存。道德选择是个人处于人生十字路口时总会遇到的一种道德情势。每个人在道德选择中，既需要对道德传统进行重新审视，又必须理解具体的道德情境；既要动员自己的一切道德潜力去战胜因新旧道德体系的冲突所带来的痛苦，克服特殊情境下难以避免的困惑与彷徨，同时更需要勇敢地承担起自己的道德责任。人们往往正是在道德选择情势下勃发出扬弃旧道德传统和探求新道德信念的激情，砥砺着履行道德义务、承担道德责任的勇气。①

随着高科技的发展，科学技术的"双刃剑"效应越来越明显。现阶段，思想政治教育者必须树立正确的价值观和道德观，加强受教育者的网络道德观教育。我们要帮助大学生树立更高境界的理想、信念与责任感，帮助他们学会共处、学会合作、学会同情，涉及生态学、环境学、地球学、人口学、生物学等内容，需要对他们进行道德教育与科学普及，引导他们自觉地履行网络道德规范。

3. 树立全面的人才观

2016年2月，教育部印发《教育部2016年工作要点》通知，要求加快世界一流大学和一流学科建设，制定"双一流"实施办法。研究制定资金管理、绩效评价办法，建立信息公示网络平台。推进教育人才发展体制机制改革，更大力度落实"千人计划""万人计划"等国家重大人才工程，深入实施"长江学者奖励计划"，进一步加大向中西部、东北部地区倾斜力度，加大力度支持培养青年人才。制定实施高校科技发展"十三五"规划，推进体制机制创新。组织高校承担国家重大科学基础设施和国家实验室建设任务，组织高校

---

① 肖雪慧、兰秀良：《守望良知——新伦理的文化视野》，辽宁人民出版社1998年版，第439页。

参与国家重大科技计划项目，建立完善高校基础研究稳定支持机制，完善促进科技成果转化的政策机制，推动高校建立知识产权运营机构。高等教育的目标是培养全面性、综合性的人才，更强调人的全面发展，人才的培养需要紧跟时代的发展，适应多变的社会，能够提供各种类型人才的培养，满足社会对各种岗位的人才需求，高等教育所培养人才的素质具有全面性。对人才的专业素质的重视是高等教育在各发展阶段的共同特征，但重视程度在不同阶段存在差别。在专业素质以外，人才的其他素质在不同类型和层次的高等教育中的要求是不同的。但在普及化阶段，不论什么类型或层次，人才素质都要求全面。所以，高等教育要特别重视通识教育与专业教育相结合，人文教育与科学教育相融合，以培养具有全面素质人才为目标。①

三、引导社会教化传播内容

1. 参与热点话题讨论

"微时代"思想政治教育最大的变化就是空间的转移。大学生在虚拟世界中生活、交往、发展，对大学生的学习、工作、思维方式、价值取向产生了广泛而深刻的影响。网络中的各类信息虽然为大学生提供了丰富的信息资源，扩大了他们的认知视野和交往空间，有利于彰显自我个性，但也带来虚拟世界和交往的诚信、现实性和虚拟性的有机统一等问题。思想政治教育者要从大学生的需要和关心的话题出发，有针对性地展开思想政治教育。

思想政治教育者需要对热点新闻进行正确的解读和引导。每天打开各种微媒介都会弹出各式各样的信息，有社会热点、国家政策、国际军事、体育娱乐、科技财经，大学生面对林林总总的信息无法逐条辨明是非和真伪，思想政治教育者就要积极地关注并宣扬具有积极意义的新闻，对落后和虚假的新闻给予说明，针对大学生最感兴趣的信息及时引导和解读，避免他们受到负面信息的影响。

思想政治教育者加强互联网思想政治工作载体建设，加强学生互动社区、主题教育网站、专业学术网站和"两微一端"建设，运用大学生喜欢的表达方式开展思想政治教育。要鼓励大学生有不同的声音和看法，让他们敢于、乐于表达思想，激发他们的求知欲和创新能力，这样更容易有针对性地答疑

---

① 登云，齐恬雨：《论高等教育普及化阶段的人才培养》，《中国高教研究》，2016（04）。

解惑，延伸课堂教学和校园文化的教育功能，为大学生提供全方位的服务。

思想政治教育者还可以加大对大学生自主创业和就业的信息多给予知识和信息方面的宣传和交流，帮助他们提高实践和创新能力的培养，帮助大学生提供更多的就业信息和机会。《中共中央　国务院关于加强和改进新形势下高校思想政治工作的意见》指出，要强化社会实践育人，提高实践教学比重，组织师生参加社会实践活动，完善科教融合、校企联合等协同育人模式，加强实践教学基地建设，建立健全国家机关、企事业单位、社会团体接收大学生实习实训制度，开设创新创业教育专门课程，增强军事训练实效，建立健全学雷锋志愿服务制度。要在服务引导中加强思想教育，把解决思想问题与解决实际问题结合起来，做到既讲道理又办实事，加强学生学业就业指导，帮助大学生顺利完成学业，加强人文关怀和心理疏导，促进大学生身心和人格健康发展，加强对家庭经济困难学生的资助工作，积极帮助解决教师的合理诉求。

2. 投身社会公益事业

中国互联网络信息中心发布的《第 39 次中国互联网络发展状况统计报告》显示，截止到 2016 年 12 月，有 32.5% 的中国网民使用过互联网进行慈善行为，规模达到 2.38 亿人次，公益慈善借助网络公益平台，越来越多的人参与到扶贫、救助疾病、残疾人群等公益行动中来。以互联网为载体的募捐、公益众筹、社交圈筹款等公益新模式的出现，让慈善捐助更加便捷化、多元化和透明化。互联网慈善新模式让更多的群体参与到慈善捐助，小额捐款的设置降低了捐助的门槛，有效推动公益行为的传递。从"免费午餐"到"冰桶挑战"筹款，一系列运用筹资新模式的公益活动成功举办，潜移默化地培养了网民的慈善意识并推动了社会慈善文化的形成。以"互联网+"为特征的慈善筹资新模式对项目质量和信息披露有比较高的要求，要求筹资方对公益项目的意义、目标、预算、管理等情况进行一一说明，促使公益慈善更加高效、透明、可持续发展。

现代社会中，由于社会保障制度的不健全导致我国社会对弱势群体的忽视，公益事业需要借助强有力的传播平台来解决。同时，公益事业能帮助大学生树立正确的人生观、价值观，能够得到社会大众的认同感和满足感。因此，思想政治教育把目光聚焦到低门槛的微公益中，能够培养和激发大学生的爱心和社会责任感。

微公益是伴随着微媒介而逐步成长起来的，强调的是全民参与，真正实现公益的平民化、常态化。2011年是微博公益井喷的一年，"免费午餐""微博打拐"等项目得到亿万网友的关注与支持，"爱心衣橱""大爱清尘""天使妈妈""爱心包裹"等公益项目更加火热。2012年，微公益平台相继推出个人求助、转发捐款、微拍卖，让救助更加有序化，最大限度地动员社会公益力量，包含支教助学、儿童成长、医疗救助、动物保护、环境保护五大类。2013年，由全国各在校大学生建立小雨滴微公益，他们怀揣着对未来的各种希望和梦想，鼓励大家发掘身边微小的社会需求，并把爱心付诸行动，做社会真正需要的事情，唤醒社会的良知，提倡全民微公益，让公益成为一种时尚。之后，无数网友参与到微公益的大军中来，不少遇到困难的大学生在微公益中获益，使公益传播内容更具有社会性、公益性、多样性。微公益所带来的效应令人惊讶，让我们的社会充满了人文关怀，需要帮助的人或动物得到全社会的关注，帮助的人士在公益中获得幸福感和社会价值。

3. 建设网络大众文化

任何一种文化都具有存在的价值，网络大众文化亦是如此。网络社会中，个体自由得到充分发展，满足了大众精神消费的需要，同时，人们生活水平的提高为大众文化的发展打下了物质基础，人民群众不断获取更多的主体自由、社会自由与精神自由。随着社会主义民主的发展，人们的思想进一步解放，主体意识进一步增强，文化品位进一步提高，人们对文化生活的广度和深度不断提出新的要求。网络大众文化有利于人的体力和智力的充分协调发展，丰富人的精神生活，是人的全面发展的一个重要方面。网络大众文化呈现雅俗共赏、个性与共性平衡的局面，网络中存在多种文化形态齐生共长，互相补充，互相影响。但是一些低级、色情、庸俗的文化产品在网络社会也拥有滋生的市场，大众文化也在不断解构精英文化系统。网络大众文化的娱乐和消遣功能越来越显著，游戏化、享乐化、粗鄙化的文化产品在网络上大行其道，我们需要重新思考和建设网络大众文化。网络大众文化成为当代大学生的主要娱乐方式和消费方式，不以高超复杂的技艺、深邃的思索和深厚的文化修养等诸条件要求，使他们不必具有高水准的文化素质条件，就可以在这些活动中得到较直接的、令人愉悦的主题情感的抒发和宣泄。多姿多彩的网络大众文化具有广泛的吸引力和娱乐性，塑造网络中的价值观和道德观，迎合大众的口味，一定程度上促进了人的全面发展。

　　思想政治教育者不应企图取消网络大众文化，应有选择性地借鉴网络大众文化的研究成果，充实思想政治教育的内容，扬长避短，在批判中建设，为广大人民群众提供积极向上的精神食粮，为现代化建设提供良好的人文生态环境。网络大众文化拓宽了人们的意识空间，超越了自己的民族和国家，用全球性的思维来思考和认识问题，造成民族文化的同质化，消融各个民族和国家固有的文化品位、生活方式、审美情趣，导致国家对文化市场主控权的削弱。因此，我们必须保持高度的警觉，绝不能掉以轻心。面对资本主义文化的扩张和渗透，思想政治教育需要灵活调整文化发展战略，正确处理本土文化与世界文化的关系，既能够积极与世界对话，顺应全球化浪潮，又能够保持中国特色社会主义文化的建设方向，培养我国的文化自信，用博大精深的中华文明包容世界的民族文化，充分吸纳世界文化的先进成果，推动中国文化走向世界。

　　思想政治教育者需要对网络文化拥有一定的主动权，宣扬符合社会主义现代化建设的要求的文化，既要提倡多样化，更要弘扬主旋律，有利于改革开放和社会主义建设，有利于民族团结、社会进步、人民幸福，以科学的理论武装人，以正确的理论引导人，以高尚的精神塑造人，以优秀的作品鼓舞人。同时，思想政治教育还需要法制手段规范网络大众文化，使文化市场的管理有法可依、有法必依、执法必严、违法必究，让网络大众文化步入规范化发展的进程。在网络大众文化建设中，思想政治教育需要强调主旋律，宣扬社会主义核心价值观，另外，也要重视文化的大众性、娱乐性，把二者协调在一起。无论是精英文化还是大众文化，都是有中国特色的社会主义的文化部分。要增强对民族文化的认同，弘扬中华民族的优秀传统文化，增强国家的文化向心力和凝聚力，对广大网友进行一场深刻的文化消费的理性启蒙，使高雅、健康、理性的网络文化产品重新回归到大众的视野，保证我国网络大众文化事业朝着健康的方向发展，建设有时代精神和民族精神为一体的为广大人民群众所喜闻乐见的网络大众文化。

第六章

微言行：立足高校思想政治受教育者的新常态

中国互联网络信息中心发布《2015 年中国青少年上网行为研究报告》的数据表明，截至 2015 年 12 月，中国青少年网民规模达到 2.87 亿人次，占中国青少年人口总数的 85.3%，远高于 2015 年全国整体网民互联网普及率（50.3%）。从年龄结构来看，青少年网民中 19～24 岁占比最高，为 48.1%，说明大学生已经成为网络上的主力军，大学生网民平均每周上网时长在逐渐增加，已经达到 31.7 个小时。网络游戏在大学生中普遍盛行，使用率达到 69.2%，手机端网络游戏的使用率拥有 53%。智能手机更加轻便且适用于碎片化的使用场景，因此更加受到大学生的青睐。微媒介已经成为大学生生活中必不可少的工具，部分大学生沉迷其中不可自拔。网络中各种文化相互交织，复杂多变的社会环境都影响着高校思想政治教育，大学生应该有目的地提高安全防范意识、信息媒介素养、文化自觉意识、自我调控素质、自我教育意识等，共同努力构建丰富多彩的校园文化。

第一节　高校思想政治教育与校园文化

一、高校校园文化

（一）校园文化的概念

所谓校园文化，是指在学校这一特定的文化氛围里，师生依据学校的特殊条件，在从事课内外的各项活动中所创造的精神财富以及承载这些精神财富的规章制度、组织活动和物质形态。它包括物质文化和精神文化两大层面。物质文化主要指校园建筑、文化设施、校园绿化和美化等物质形态，是校园文化的硬件和最直观的表现形式。精神文化包括制度文化和观念文化。制度文化包括学校的规章制度和领导体制，是精神文化的外壳。观念文化主要包括思想意识、文化价值观念和行为方式。观念文化是精神文化的内核文化。由制度文化和观念文化共同组成的精神文化是校园文化的深层结构，是学校个性风格和精神面貌的集中反映。从文化结构上看，校园精神文化的主要部分是由学生文化和教师文化组成的。学生文化又可以分为外显文化、中间文化和内核文化等三个层次。外显文化主要包括时髦服装、新潮发式和流行歌曲、舞蹈等，是以娱乐为主要目的的大众文化。中间文化包括闲暇生活方式、消费方式和交际方式。它是学生精神内核文化的直接外射，同时，也是塑造学生思想品行的重要条件。内核文化由价值观、人生观、道德观、审美观、成人观、恋爱观等组成，它是学生文化的本质，决定了学生外显文化和中间文化。①本章论述的文化主要指精神文化中的观念文化和文化结构中的学生文化。

（二）校园文化的功能

1. 导向功能

校园文化不是盲目的文化体系，它的方方面面都体现出针对性的教育目的和意义，对大学生的成长、思想进步、培养目标、道德素质等都具有一定的导向功能。马克思主义认为，人是环境的产物，环境影响人的发展，二者相互影响、相互制约。校园环境作为大学生生活和学习的主要场所，在大学生学习各种知识和技能、掌握一定谋生的基本能力、全面塑造自己的人格等关于校园文化活动的内容、方式和文化氛围的方面都蕴含着一定的教育目的，它任何方面都是为实现教育目的服务的。校园文化的导向功能表现在通过国家的法律法规和校园的校纪校规约束大学生的思想和行为，具有较强的强制力。校园文化的导向功能还有一定的非强制性，可以通过社会和校园的各种传统和新传播媒体的宣传来影响舆论环境，引导大学生的观念和行为，全方位、多角度、立体化地指引人们的价值选择和导向，使大学生的价值观念和行为方式逐渐趋向思想政治教育所期望的方向。

2. 熏陶功能

学校是社会的缩影，是学生走向社会的缓冲地，校园内的学风、教风、文化氛围陶冶着学生的情操，锻炼学生的意志，塑造学生的人格，使他们不

---

① 陈秉公：《21世纪思想政治教育工作创新理论体系》，吉林教育出版社2000年版，第504页。

知不觉地接受思想政治教育。一方面，校园硬件设施中优美的环境可以舒缓大学生的心境，长期陶冶他们的品性。精心规划的校园布局、错落有致的教学楼、郁郁葱葱的绿色树木、沁人心脾的芳香植物、别具匠心的装饰风格、波光粼粼的小河湖水，等等，都对大学生的身心有一定的熏陶作用，影响大学生性格的形成。这些硬件设施蕴含着学校的教育理念和教育目的，大学生长期生活在这种美观优雅的环境中，身心健康得到发展。另一方面，熏陶功能还体现在校园的精神文化方面。清脆悦耳的读书声、热情洋溢的社团活动、聚精会神的课堂氛围、引人入胜的专题讲座、生动活泼的文娱活动、丰富多彩的社会实践、温馨浪漫的宿舍环境、博古通今的教师队伍等都对大学生的思想品德、情趣爱好、智慧才华和身心发展具有潜移默化的熏陶作用。

3. 强化功能

校园文化活动的展开是对大学生最深刻的教育和激励，可以强化国家、社会和思想政治教育所倡导的价值体系。大学生还处于心智没有完全成熟的阶段，世界观、人生观和价值观也没有完全形成，思想政治教育指导下开展的丰富多彩的校园活动对大学生的思想品德有很大的影响力。校园文化环境对大学生的强化功能首先表现在重复性上，思想政治教育的内容不断出现在教室、报纸、广播、黑板、宣传栏及其他活动中，增加与大学生接触的时间和频率，大学生在头脑中很容易受到校园文化中思想政治教育内容的影响。校园文化的强化功能还表现在校园文化形式的多样性，思想政治教育的内容可以通过文字、声音、图像、动画、行为、活动等共同产生作用，强化大学生对思想、观念和行为的认知。其中，教师的素质和人格魅力很容易产生引导的效果，是一种生动形象的强化方式，有明显的示范效应。大众媒介在校园文化中以其信息容量大、传播速度快、覆盖面广、吸引力大增强校园文化的强化效果。

4. 娱乐功能

众所周知，大学的校园文化是精彩绝伦的。例如每到九月份的开学季，不胜枚举的校园社团招新处都吸引了大批新生加入，每个月还有形式多样的校园活动。这些都符合大学生精力旺盛、好奇心重的心理需求，丰富多彩的校园活动满足了大学生身心发展的需要，能够消除读书学习的疲劳感，涵养心境、陶冶情操，给紧张的学习生活带来娱乐调节的功能。校园活动的轻松愉快帮助大学生缓解紧张的学习情绪，在集体活动中可以获得自尊心、自豪感、满足感、信任感、集体荣誉感等，帮助大学生增进身心健康。大学生在情绪消极时，通过参与校园活动，可以消解他们的负面情感，逐渐形成与社会主流意识形态相一致的价值观念，为将来更好地融入社会打下坚实的基础。

（三）校园文化与思想政治教育的融合

校园文化是高校思想政治教育系统的外部环境，教育者与受教育者在校园文化环境中进行互动，共同参与思想政治教育过程。校园文化环境具有复杂性，大学生的个性和特点在环境中体现得淋漓尽致：有些同学容易受到校园文化的熏陶，积极参与各种校园活动，表现出对学校的热爱；有些同学则对学校的发展和前景没有那么的关心，对班级和学校活动不积极，表现出无所谓的态度；有些同学只关心自身的利益，只要有经济上的好处就参与集体活动，而精神上的表扬则很难引起他们的兴趣……在丰富的校园文化中，如何在生活、学习、工作、交往过程中影响大学生的思想和行为，向思想政治教育所期望的方向发展，成为思想政治教育的工作重点。校园文化对思想政治教育的影响是复杂多变的，同时，校园文化随着教师和大学生思想和行为的变化而变化，两者相互影响、相互制约。

首先，环境决定人的发展，决定人的思想道德面貌，校园文化环境对思想政治教育有"内化"的作用。历史唯物主义告诉我们，社会存在决定社会意识，校园文化环境决定校园师生的思想和观念，校园环境的变化影响到师生的思想变化。思想政治教育是在校园文化环境中开展的，思想政治教育者引导受教育者将社会所认可的思想道德规范在相一致的环境中转化为思想品德，校园文化环境影响和制约大学生思想道德倾向。大学生在思想政治教育过程中并非只是被动地接受，在学习和活动中通过理解、判断、分析、体验思想政治教育的内容，内化为自己的道德意识，校园文化环境与思想政治教育的内容相契合，借助校园文化环境的生动、开放、多样性，营造良好的思想政治教育氛围，帮助思想政治教育内化为大学生的知识体系和价值观念。

其次，校园文化环境的建设也依赖思想政治教育过程中大学生的"外化"效果。马克思主义基本原理告诉我们，人的意识具有能动作用，可以积极反映世界与改造世界，社会意识是社会存在的反映，并反作用于社会存在。大学生接受校园文化环境的影响不是消极的、被动的，而是积极主动的过程，可以能动地通过实践活动改变校园文化环境，改变思想道德状况。外化是在教育者的帮助和促进下，受教育者把自身在内化阶段已经形成的思想品德认识，自觉地转化为自身的思想品德行为，并养成相应的思想品德行为习惯的过程。大学生思想的外化在一定条件下产生，可以是自我的精神要求，也可以是外部条件的制约，校园文化环境的形成和改变依赖于大学生思想政治教育外化的结果。大学生的外化过程本身就受到校园文化环境的影响和约束，同时，每个大学生外化的结果又重新构成新的校园文化环境。因此，思想政治教育如何发展和优化校园文化环境，将思想政治教育内容内化为每个大学生的思想品德，再外化为校园文化环境的建设者和优化者，成为每个思想政治教育者必须思考的问题。

二、思想政治教育与校园文化建设

为避免大学生沉迷于网络游戏和网络世界，学校要重视校园活动的开展，有针对性地创造条件让大学生参与各种富有知识性、思想性、趣味性的社团活动和实践活动。这不但有助于大学生之间、大学生与老师之间"面对面"的对话和沟通，摆脱"手机对手机"的尴尬境遇，还可以满足大学生多样性的需求，扩大交往范围，培养兴趣爱好，丰富内心感官，锻炼语言表达能力和社会交往能力，增加集体主义凝聚力和荣誉感，提高思想觉悟和综合素质，实现自我价值。大学生还可以积极参加微公益，强调公益参与的平民化，增强自身的主体意识，加深对公益理念的认知，帮助他们在"微行动"中树立正确的世界观、人生观和价值观。

（一）高校校园媒体文化的现状

2008年，在团中央、教育部的指导下，中国青年报社携手国内63所重点高校发起成立中国高校传媒联盟，在"新形势下的互联网+校园媒体创新发展高峰论坛暨中国高校传媒联盟2016年年会"上发布了《2016中国高校校园媒体发展报告》。调查报告通过分层抽样的方法，抽取353所高校的573家校园媒体作为样本，覆盖纸媒、广播、电视、网站、通讯社、微信公众号6种类型。

1. 校园媒体情况

调查发现，我国82.55%的高校有报纸，84.29%的高校有广播，46.07%的高校有新闻网，71.2%的高校有通讯社，45.9%的高校有电视台，39.62%的高校有新闻类杂志，87.26%的高校有微信公众号，72.25%的高校有微博。可见，随着"微时代"的到来，微媒介已经占据高校校园媒介中的重要地位，微信公众号发展迅速，跃居第一位。融合型校园媒体大幅增加，只有 4.19%的校园媒体组织仅有一种媒体形态，而 2011 年的调查数据是 76.7%。移动互联网的大潮汹涌而来，越来越多的传统校园媒体顺势转型，通过开通微信公众号等新的媒体形态寻求长远发展。在已经建立了微信公众号的校园媒体类型中，92.39%的通讯社建立了微信公众号，87.65%的纸媒建立了微信公众号，82.86%的电视台有微信公众号，广播电台有 78.02%，网站有 76.32%。19.36%的校园微信公众号的粉丝量在 8 000 以上。

2. 学校管理情况

校园媒体形态的丰富与数量的增多让内容有了更多的发布平台，其中，微信、微博、App 是最主要的发布平台，比例为 92.59%，杂志、电视台和其他的选项均在 20%以下。校园媒体基本是在校党委宣传部、团委主导下建立和运行，50.61%的校园媒体主管单位是校党委宣传部，31.59%的校园媒体主管单位是校团委。在职责范围上，指导老师对于校园媒体的管理、运作具有根本性的影响，指导老师的主要职责，79.05%是"内容审核和发布"，73.95%是"举办活动审批权"，60.84%是"选题和策划"，"干部任命、资金管理、组织结构调整、评优评干"选择率也超过 50%。校园媒体所属机构不同，所掌握的主讲人资源多少不一。校党委宣传部指导下的校园媒体接受新闻专业老师、社会媒体记者培训的机会最大，占比最大。与一般性社团相比，校园媒体的运营、生产和管理复杂程度较高，要求负责人花费很大的精力投入到校园媒体工作当中。

3. 校园媒体内容设置

高校校园媒体在内容设置上倾向于对大学校园生活的报道，校园生活是校园媒体的"主旋律"。91.97%的校园媒体内容包括"校内重大新闻事件"，85.51%的校园媒体内容包括"校园生活、服务性信息"，另有近八成的校园媒体内容包括"学生组织、社团等开展的校内文体活动"以及"校内人物"。校外新闻报道在校园媒体产品内容中所占比重均在六成以下。超半数的校园媒体刊登"时事评论""重大社会新闻事件"，将近一半的校园媒体刊登"校外文艺娱乐活动、体育赛事"，只有不足三成的校园媒体刊登"校外人物"。51.31%的校园媒体原创内容占 80%以上，90.23%的校园媒体原创内容占 40%以上。校内重大新闻事件始终是校园媒体最受读者欢迎的内容，占比 68.24%，涵盖教学、科研、管理、后勤以及学生学习、团体活动、个人成才成长等方面。除此之外，"学生组织、社团等开展的校内文体活动""校园生活、服务性信息"也深受大学生的欢迎。

（二）思想政治教育与校园文化的互动

高校思想政治教育是一个系统的工程，目的是为了提高大学生的思想道德素质，促进人的全面发展，思想政治教育需要优化校园文化环境，选择适合大学生发展的环境，摒弃不利的环境内容，根据思想政治教育的目的优化和开发校园文化环境。

1. 关注社会热点和国家政策

在农业社会中，人们知识体系的更新比较缓慢，人们接受真理的时间也很漫长，知识体系以整体思维为主；工业社会中，社会分工明确、细致，人们只需要掌握有限的知识和技能就可以胜任工作，知识体系以分析性思维为主；现在的知识经济或信息时代，知识的更新周期越来越短，产品更新换代越来越多，职业结构变化速度越来越快，只学习某些有限的知识已经不能适应社会的飞速变化，自我学习能力的培养才是大学生步入社会之后的成功之道，知识体系要求在分析性思维基础上重建整体性思维，以整体性思维引导分析性思维。大学生要适应新时代的要求，成为积极主动的、有合作能力、有创新能力、善于合作以及终身学习的学习者。要成为有长远眼光的大学生，每天离不开关注社会热点和国家政策。国家政策可以帮助大学生理性看待国家发展中出现的问题，正确判断国家的决策和发展方向，适时调整心理状态、学习内容，坚定自己的理想信念。社会热点可以帮助大学生正视社会的发展变化，更容易把知识转化为改变世界和生活的工具，关注社会舆论道德的方向，善于发现现实社会的问题和解决方法，灵活运用已经学习的知识。大学生关注时事政治，关心民生热点，让自身成为一名与时俱进和拥有创新能力的终身学习者。

2. 打造积极健康的社团组织

高校学生社团组织是校园文化环境的重要部分，是思想政治教育内容的重要载体，是高校第二课堂的引领者。高校学生社团大多是高校团委指导下，由有共同兴趣爱好的学生自愿组成，按照一定的章程自主开展活动的非营利性群众组织。社团组织形式多样，涉及不同领域，其艺术性、知识性、趣味性、娱乐性、多样性吸引着大批大学生参与其中。因此，我们需要重视社团组织在高校思想政治教育中的作用。《中共中央　国务院关于加强和改进新形势下高校思想政治工作的意见》特别强调，要强化社会实践育人，提高实践教学比重，组织师生参加社会实践活动，完善科教融合、校企联合等协同育人模式；加强实践教学基地建设，建立健全国家机关、企事业单位、社会团体接收大学生实习实训制度，开设创新创业教育专门课程，增强军事训练实效，建立健全学雷锋志愿服务制度；要在服务引导中加强思想教育，把解决思想问题与解决实际问题结合起来，做到既讲道理又办实事；加强学生学业、就业指导，帮助大学生顺利完成学业；加强人文关怀和心理疏导，促进大学生身心和人格健康发展；加强对家庭经济困难学生的资助工作，积极帮助解决教师的合理诉求。积极发挥共青团、学生会组织和学生社团作用。

3. 形成民主和谐的文化氛围

校园文化环境本身具有隐性思想政治教育的功能，可以潜移默化地熏陶大学生的思想观念，在大学生群体的共同环境中互动性地学习，身心在放松的状态中获得知识、能力、情感、态度、价值观等方面的提升。在校园文化环境中，每个人都是平等、自由的个体，对知识的探求具有共同的目标，每个人的创造意识和创造能力都可以在校园活动中得到很好的展现，有利于培养大学生的集体荣誉感和社会责任感。校园文化环境是大学生的日常生活空间，学习、生活、交往、活动、娱乐都是每个大学生的日常生活，思想政治教育的内容在校园生活中很容易渗透到大学生的认知体系，并外化为个人的行为活动。校园文化环境还融入浓厚的人文教育，它本身就体现思想政治教育的很多内容，是大学办学理念和精神风貌的集中反映，可以丰富大学生的文化知识和审美水平，培养对健康精神生活的渴望，缓解个人精神压力和心理冲突。因此，校园文化环境需要形成民主和谐的文化氛围，充分发挥思想政治教育的作用。《中共中央　国务院关于进一步加强和改进大学生思想政治教育的意见》要求宣传、理论、新闻、文艺、出版等方面要坚持弘扬主旋律，为大学生思想政治教育营造良好的社会舆论氛围，为大学生提供丰富的精神食粮。

4. 建设丰富的校园网络文化

大众传媒对大学生思想、道德、行为的影响越来越广泛和深刻，已经渗透到大学生活的各个方面。建设丰富健康的校园网络文化环境，不仅是思想政治教育工作有序开展的必然要求，也是提升大学生思想道德素质的重要方式。校园网络文化需要以社会主义核心价值体系为主要内容，推动国家和社会的健康有序发展，在弘扬主旋律的过程中帮助大学生提高思想觉悟，树立正确的世界观、人生观和价值观。建设丰富的校园网络文化可以为思想政治教育创造良好的舆论氛围，加大与大学生社会生活之间的密切联系，促进社会主义精神文明建设，促进社会风气的好转，使全体大学生建立起实现社会主义现代化的共同理想。

大学生应有发展提升自己的主观需要，成为校园网络文化的建设者和主人翁，而不应该被网络文化所奴役，自主选择、自主把握、自主分辨、自主取舍。《中共中央　国务院关于进一步加强和改进未成年人思想道德建设的若干意见》强调，各类大众传媒都要增强社会责任感，把推动未成年人思想道德教育作为义不容辞的职责，为加强和改进未成年人思想道德建设创造良好的舆论氛围。《中共中央　国务院关于加强和改进新形势下高校思想政治工作的意见》特别强调，要加强互联网思想政治工作载体建设，加强学生互动社区、主题教育网站、专业学术网站和"两微一端"建设，运用大学生喜欢的表达方式开展思想政治教育。

（三）运用微媒介建设校园文化的案例

1. 上海高校新媒体联盟

上海高校传媒联盟是中国青年报下属中国高校传媒联盟上海分联盟，成立于 2009 年，它联合上海各大高校主要新闻媒体单位，为全上海的大学生带来优质校园资讯以及为在校大学生提供更高、更广的交流平台。其宗旨在于加强上海市高校媒体间的交流，实现高校资源和资讯的共享，为各高校学生媒体提供一个相互学习、经验交流的平台。它开设有体验 360 行（带领在校大学生深入各行各业，体验不同从业者的工作环境以及待遇，为在校大学生的未来职业选择提供更为直观的指引）、对话 500 强（与 500 强企业 HR 以及中高层管理者对话，了解各类企业的企业文化、核心价值观以及不同的管理理念，体验感受 500 强不同企业的办公环境以及员工素养，为有意向进入该企业的大学生提供能力发展模板）、暑期精英培训营（邀请新闻行业的精英来为同学们讲课，以及分享自己的心得体会，各种有趣的游戏和小组作业帮助有新闻从业意向的大学生提升综合能力）等栏目活动。上海新媒体联盟隶属于上海文艺网，是汇聚 500 家大众媒体、2 200 家行业出版物、1 000 多家网站的综合网。作为中国较早成立的媒体联盟的网站，上海新媒体联盟网现已稳固地位列于全国媒体传播第一阵营。上海新媒体联盟还拥有全国超过 8 亿的受众覆盖，跨界的媒体联合，让新闻传播维度更加广泛。上海新媒体联盟已与国内多家传媒公司形成互联，可全方位、立体式报道社会新闻热点话题，传播目标客群优秀文化。上海新媒体联盟的主要线下活动"中央媒体行"是一个以挖掘目标客群深层文化内涵为主的媒体集体采风活动。它以深层新闻报道价值为目标，记录客群点滴发展历程，传播最前沿的新闻资讯，努力做到给国内目标客群一个国际视角，让国际视角对应一个国内客群落点。

2. 重庆大学新媒体联盟

重庆大学新媒体联盟于 2015 年 5 月 20 日正式成立，是重庆高校首个新媒体联盟。重庆大学新媒体联盟是学校各学部、各学院、机关部处、学生社团等组织开办的包括微博、微信、人人网、手机报、网络视频等新媒体平台在内的联盟。该联盟由校党委宣传部发起，融合了全校新媒体平台，并通过与主流新媒体合作，有效整合校内外新媒体宣传资源，构建更加活跃、清新、健康的校园网络生态环境。构建全校联动的新媒体宣传格局，不断丰富完善服务全校师生的内容和功能。现共有近 90 个微博公众账号，20 多个微信公共平台，成立大会还发布了重庆大学官方微信形象"渝小薇"一周年形象及小薇十二星座形象。为庆祝"渝小薇"形象诞生一周年，重庆大学新媒体联盟发起寻找真人小薇的活动，通过学生投票选出的真人小薇，将在重庆大学官方微信的线下活动中，以形象代言人的形式出现。新媒体排行榜总榜中，重庆大学在期末与寒假期间仍持续将与学校相关的校内外活动、成就、荣誉等资讯推送至读者，也紧抓过年与假期的相关话题，例如新年祝福、走亲访友等，推出许多亲民有趣的文章，其阅读总数、点赞总数与 WCI 均位居榜首。重庆大学研究生会在寒假期间依旧勤奋更文，从电影、吐槽、敬业福，到就业、节日习俗、保护传统，涉及大量方向广泛而深受同学们关注的主题。创意脑洞不断，紧跟潮流，正文也十分走心。

3. 西南交通大学新媒体联盟

西南交通大学新闻中心于 2011 年 10 月开通微博，2013 年 8 月正式更名为西南交通大学官方微博，以大学新闻、文化、活动为标签，定位于打造权威发布、报道及时、反应迅速、青春活力的校园新媒体。该校从 2011 年开通学校新闻中心官方微博开始，以微博、微信、头条账号、QQ 公众号、一点资讯、封面号等为代表的新媒体在交大校园里百花齐放，涌现出了交大小微、交大有思、交大教务、交大招生、交大就业、服务交大、交大云运等为代表的一批有较大活跃度和影响力的校园新媒体平台。为了整合新媒体平台之间的交流互动，发挥校园新媒体沟通学校和社会、服务师生和校友的桥梁纽带作用，西南交通大学于 2014 年 4 月成立了校园新媒体联盟。校内各单位、学生及群团组织开办的微博、微信、人人主页、手机报、APP 客户端等新媒体平台，到现在共有 500 余家。2014 年 12 月，在教育部新闻办公室、四川省教育厅的指导下，西南交通大学联合四川省内 25 所高校，发起成立"四川高校新媒体联盟"，并成为联盟首届理事长单位。从 2015 年 4 月开始，该校校园新媒体联盟推出校园微博、微信公号综合影响力排行榜，以及相应的文章阅读量排行榜。近年来，交大新媒体始终坚持以高质量的传播内容和服务创新，将学校的重点工作通过师生、校友喜闻乐见的形式，精心策划推出了"人才强校""经典悦读""交大国际 Style""寻找交大最美女教师""国乒交大行""中国高铁走出去""西南交大毕业季""我在西南交大等你"等一系列微博话题，助推交大校友卡、博士夫妻、经典阅读书单、校长毕业致辞、形象推广片"交大蓝"、招生宣传片"选择最重要"、建校 120 周年微博话题等，快速成为全国网络热点，综合影响力多次登上微博全国校园影响力排行榜榜首，曾获 2013 年度"全国高校新媒体创新之星奖"，并入选教育部教育系统官方微博联盟。连续多年荣膺全国教育系统新媒体综合力十强、中国大学最具影响力新媒体十强、中国教育政务新媒体综合力十强、全国新媒体宣传综合力十强、十大最具影响力官方微博等荣誉。

第二节　培养大学生群体的网络意见领袖

《2015 年中国社交应用用户行为研究报告》显示，人们使用社交应用最主要目的是与朋友互动，占 72.2%，位居第一。由此可见，使用媒介最重要的目的就是社交。思想政治教育需要形成大学生争做"意见领袖"的氛围，培养他们掌握微技微能，提高接触微媒介的频率，获取更多的信息渠道和资源，凭借独特的人格魅力、社交的协调能力成为思想政治教育的表达者。增强对大学生的关注度和信任度，扩大追随和模仿的大学生群体，将媒介素养作为培养的重要内容，打造健康向上的网络舆论环境，实现网络媒介理论与实践、网上与网下的结合。

一、网络意见领袖概述

（一）网络意见领袖的含义

美国传播学者拉扎斯菲尔德和伊莱修·卡茨的两极传播论是意见领袖理论的来源。拉扎斯菲尔德等3人于1944年著作的《人民的选择》一书中最早出现"意见领袖"一词，通过美国总统选举中对选民投票意愿的调查发现，大众媒介与选民之间的接触微不足道，更多的是依赖意见领袖传递更多的讯息。意见领袖又称舆论领袖，是指在信息传递和人际互动过程中少数具有影响力、活动力，既非选举产生又无名号的人。[1]在传播学中，意见领袖成为各类研究中的核心部分，在信息传播过程中扮演具有一定影响力的重要角色。

网络意见领袖是伴随互联网的发展而逐步成长起来的学术名词，很多学者都对网络意见领袖概念进行了界定。王嘉博士给网络意见领袖下的定义：是指以互联网为平台，针对社会热点问题发表自己的言论和见解，并得到网民普遍认可或高度认同，从而引导网络舆论走向，对网民意见产生重大影响的网络信息发布者。网络意见领袖的形成既需要直接的促成条件，又反映了个人与社会的深切需要，其存在具有一定的历史必然性。[2]中国青年政治学院党委书记倪邦文认为，网络意见领袖是互联网中的"活跃分子"，经常回应网民问题并为他们提供意见和建议，是特定条件下深刻影响社会舆论的那部分人。[3]因此，大学生网络意见领袖就是在大学生群体中经常通过网络媒介发表意见，拥有大批追随者，获得他人尊重和肯定，容易吸引和自愿接受其看法和观点的部分大学生，包括正式学生组织成员和非正式学生团体成员。

（二）网络意见领袖的形成因素

网络社会中意见领袖的形成首先取决于个体的特质。他是网络追随者自愿模仿和追随的对象，具有较强的影响力，其一言一行都深受网民的关注和重视，专业知识水平相对较高，网络传播能力较强，信源广阔，发布信息数量较多，参与网络活动的频率较高，人际交往能力和关系协调能力较强，能言善辩，风趣幽默，长期在网络中保持活跃状态，有社会责任感和集体荣誉

---

① 邵培仁：《传播学》，高等教育出版社2000年版，第228页。
② 王嘉：《思想政治教育视域下网络意见领袖研究》，大连理工大学博士论文，2013年。
③ 倪邦文：《中国网络青年意见领袖的构成、特征及作用》，《中国青年研究》，2011（9）。

感，敢于实话实说，直言不讳，这些都是网络意见领袖自身具备的特性。

网络意见领袖的形成还离不开社会环境的影响。他们可以在现实社会中把握社会热点，拥有独到的眼光和视野，准确判断形势和走向，具备一定的社会地位，或者在现实社会拥有庞大的信息量，可以获取各种所需信息的社会关系，跟随国际、国家、社会、学校的变化而具有一定影响力的言行，在网络世界中能够脱颖而出，吸引大量网友的关注，发表有一定深度和前瞻性的语言，随着关注人群的增加而不断扩大影响力，马太效应逐步显现，网络意见领袖具有一定的网络权威性。

（三）网络意见领袖的特征

1. 活跃度高

网络意见领袖一定是网络中活跃度较高的积极分子，他们乐于表达自己的观点，广泛收集各类信息，积极参与网络活动，适时发表各种评论，不断展现自我，是社会和网络热点最早的知晓者。在积极参与和组织各种讨论过程中掌握网络的话语权，对其他网友产生一定的导向作用，引领网络思想的发展方向。网络意见领袖凭借活跃各种话题屡屡出现在特定网络媒介中的热搜榜单，对信息的多种理解和分析发挥自己网络领袖的地位。

2. 影响力大

网络意见领袖必须拥有大量的关注者和粉丝，经常性地与网民进行互动和交流，拥有较多的曝光率；在网络话题讨论、网络活动、网络话语中积极地参与其中，并不断发表观点、传播信息；每次言论之后都有大量的点赞和评论者，所发的信息言辞诚恳、思想深刻，持续发表高质量和数量的帖子和文章，在一定时间内引起巨大的转发量和评论量，吸引更多的群体关注和信任。网络意见领袖大多乐于助人、大公无私、豁达开朗，以平等的姿态出现在大众的视野中，给人一种亲切和随和的感觉。他拥有强大的人格魅力，善于反映广大群众的利益诉求，能引起有关部门的重视，帮助解决人们遇到的生活难题和困扰。

3. 表达能力强

网络话语是以一定的文字、图片、视频为表达方式，每个人都是网络信息的发布者和传播者，但不是每个网民都能够成为网络意见领袖。网络意见领袖的独特之处就是有良好的语言表达能力，任何一个网络意见领袖都不是纯粹依赖图片和视频获取影响力的，而是善于组织和表达语言的群体才更容易在网络中受到大家的追捧。网络意见领袖不仅能够发出信息和影响，还积极地摄入信息和影响，对大量的信息进行重新的加工和解释，视角独到，见解深刻，观察敏锐，针砭时弊，激发受众的兴趣，具有幽默或犀利的语言风格，容易使网民接受其观点和主张。

二、大学生网络意见领袖的作用

大学生网络意见领袖不但能够发布和传播信息，还可以引发话题讨论，他们对大学生的思想和观念有很强的洞察力和敏锐性，容易抓住思想政治教育过程中的重点，发现问题，做到有的放矢，事半功倍。

1. 网络信息的"把关者"

大学生网络意见领袖在网络社交平台发挥思想政治教育的作用，对高校大学生的思想和行为有一定的影响。由于长期活跃于网络，他熟悉大学生的思维特点和话语体系，掌握最新的网络舆论信息，很容易有针对性地发表信息和言论。网络的开放性使网络信息海量化，也充斥着形形色色的价值观念，甚至还隐藏着许多违背社会主旋律的思想，渗透着一些反对社会主义的思潮。思想政治教育者很难一一鉴别和剔除这些负面影响。大学生网络意见领袖就成为思想政治教育者的最好帮手，特别是校园网络信息的重要"把关者"。大学生网络意见领袖对网络各类信息进行甄别、选择、加工、解释，传递给更多的大学生，这些信息打上意见领袖思想的深深烙印，隐蔽性地把关网络信息的传播。

2. 网络舆论的"引领者"

大学生网络意见领袖在思想政治教育中具有一定的导向性。网络信息具有即时、便捷、快速等特点，教师在网络思想政治教育中很难时刻掌握大学生群体的思想动态和心理变化。微媒介因其具有平等性和草根性，网络中思想政治教育者很难具有话语权威。因此，培养大学生网络意见领袖对思想政治教育的进行有极大的价值和意义。大学生网络意见领袖大多是大学生中的骨干和中坚力量，拥有较高的思想道德觉悟和坚定的政治立场，对海量的网络信息内容有较高的敏锐性，并且拥有大批的追随者和关注者，他们发表的信息和评论可以最大限度地传播到大学生群体之中，其观点和理论更容易被同辈大学生所接受和认可。他们已经成为大学生思想发展的引路人，成为网络舆论的引领者。

3. 榜样教育的"示范者"

大学生网络意见领袖一改思想政治教育者的身份，可以与大学生进行平等的交流，容易在轻松活跃的氛围中完成思想政治教育过程，在同辈群体中产生更深的影响力和感染力。他们通过自身的言论和行为影响大学生的认知、思想、观念和行为。大学生网络意见领袖大多是现实中的学生骨干，是学生中的佼佼者和榜样，他们的一言一行在网络中都备受瞩目，他们是大学生网民选择的结果，其影响力和话语权威都是依赖发表的信息数量和质量决定的。他们为大学生提供有建设性的思想和创造性的言论，在长期的网络社会中逐渐形成的网络意见领袖，是与大量大学生不断互动的结果，他们与大学生群体建立亲近性的情感关系，产生彼此信任、相互接近、愿意合作和共同行动的心理趋向，成为大批追随者和关注者的标杆，无形中影响和改变大学生的言行。

三、注重大学生网络意见领袖的培养

网络意见领袖的生成和影响力在网络社会中不断更迭，随着时空条件的变换、人际关系的变化、社会地位的升降、参与频率的增减、社会背景的变化而不断改变。大学生群体本就不是固定的群体，在大学生中培养网络意见领袖需要思想政治教育者善于挖掘和发展、教育和培养、引导和规范，将来成为社会中真正的网络意见领袖，成为思想政治教育的中坚力量。

1. 挖掘和发展大学生网络意见领袖

高校教育活动的开展离不开各种社团、党组织、共青团、学生会等的积极参与，大学生网络意见领袖可以从各种组织活动和团体中挖掘和发现。他们有参与校园活动的热情，勇于展现自我魅力，敢于发表各种言论。思想政治教育者应该鼓励更多的大学生加入这个群体，挖掘平凡人的独特魅力，培养他们成为网络社会的灵魂人物。

学校社团可以展现大学生的才华和能力，培养他们的兴趣爱好，每个人根据自己的喜好和擅长参与不同的社团活动，在社团中寻找自身的价值，发挥自己的个人能力和魅力，成为其中的骨干分子。思想政治教育者可以从中挑选和挖掘拥有领袖潜质的成员，有针对性地发展他们。每所大学的党组织、共青团、学生会都汇聚了众多优秀的教师和学生，他们本身就是思想政治教育的榜样和模范，同时拥有组织、宣传的能力，是大学生的民心所向。他们有良好的人际关系和人脉资源，是校园中的意见领袖。思想政治教育者在这些成员中挖掘其中的网络爱好者，从中选拔出声誉良好、政治坚定的学生干部、学生党员、入党积极分子、学霸精英、优秀共青团员，发展他们的网络使用能力和网络媒介素养，他们很容易成为网络中的意见领袖。对校园中的网络达人也可以进行挖掘，在他们所擅长的领域传播社会主义核心价值观，弘扬中华民族优秀传统文化，培养积极健康向上的品格，加强网络文化建设，提升网络自律意识，营造良好的校园网络文化氛围。

2. 教育和培养大学生网络意见领袖

大学生网络意见领袖拥有独特的魅力，其言论和行为备受大学生的瞩目，思想政治教育要发挥巨大的作用，必须教育和培养大学生意见领袖的知识、理论、思想、观念、素质、行为等方面，使其具备较高的科学文化素质，科学理解和践行社会主义核心价值观，坚定地高举中国特色社会主义旗帜，加强自身品格修养，提升其人格的魅力，进一步扩大自身吸引力和影响力。大学生网络意见领袖和大学生有亲近的情感关系，经常为他人提供建议、发表信息、深刻评论、权威解读，对很多信息进行过滤和加工，再传播给其他大学生，是信息传输的中转站。他们中有传播型、评论型、创作型、杂糅型的网络意见领袖。传播型大学生网络意见领袖具有自带话题的特质，他们在网络中的一言一行都引人注目，让他们带头践行基本道德规范，言传身教，会有出人意料的效果。评论型大学生网络意见领袖以评论为主，涉及对生活、学校、社会、国家的热点新闻进行深刻且独到的解读，他们耿直正义，具有批判精神，对新闻事件有敏锐的洞察力，可以很好地把控网络舆情。创作型大学生网络意见领袖有很好的文字功底，是名副其实的段子手，对生活的感悟往往不拘一格，善于感受和体味生活，能够打动人心，可以引领大学生感恩生活，发现人生的美好。杂糅型大学生网络意见领袖拥有以上三种风格的特点，他们往往拥有最高的支持率和追随者，他们能够加强自身品格修养，善于与大学生积极分享生活中的点点滴滴，做网络社会的智者，态度亲切随和，更容易全面掌握大学生的思想动态，有针对性地互动交流，为校园文化建设注入新的活力，提高思想政治教育的实效性。

3. 引导和规范大学生网络意见领袖

校园网络环境大都在党委宣传部的领导下进行宣传舆论和规范引导，对国家政策、法律法规、社会热点、校园事件、学校方针、舆论焦点进行讨论和交流。他们重视网络思想政治教育的内容建设，引导大学生网络意见领袖结合热点新闻事件进行思想道德教育，弘扬社会主义主旋律，采用适合大学生的教育主题和内容，挖掘思想政治教育的潜在价值，形成良好的网络校园文化氛围，防止"大学生网络意见领袖"成为"大学生网络异见领袖"。

大学生网络意见领袖就像热点信息一样的多变，他们的成员越来越多，言论内容越来越丰富。他们就像明星一样拥有大量的关注者和追随者，人气是他们所关心的问题，热点话题是他们所强调的重点，因此要防止大学生网络意见领袖的利益纷争，不要把微媒介变为大学生网络意见领袖追逐的"名利场"。学校的党委宣传部、学生处、团委、网络信息中心等部门需要通力合作，把握网络信息的真实性和规范性，掌握校园舆论的发展状况，制定网络信息传播的规章制度，减少大学生网络意见领袖的负面效应。要对网络舆情进行一定的控制和监督，建立网络意见领袖的奖惩机制，关心大学生网络意见领袖的生活状况，加强他们的心理引导和教育，避免他们的思想和行为出现偏差，创设民主、平等、和谐的网络环境，使思想政治教育取得事半功倍的效果。

"微时代"的信息具有裂变式和碎片化的特征，传播过程中信息容易失真，甚至出现负面影响，并且受教育者辨别是非能力不强，都给思想政治教育工作的管理和控制增加了难度。因此，思想政治教育只依赖教育者本身必然不能达到理想的效果，需要通过培养大学生中的"意见领袖"来提升思想政治教育的范围和渗透力。高校中不乏具有较高威望和影响力的学生群体，他们在学校中特别是在微媒介中具有举足轻重的作用。我们需要在高校中选拔和培养一批具有较高素养的学生骨干，发掘拥有深厚知识底蕴并善于思辨的网络达人成为学生中的"意见领袖"，对思想政治教育进行舆论引导和控制。要学习和掌握微媒介的知识和技巧，培养他们敏锐的信息捕捉、判断、分析和处理能力，利用朋辈认同的心理特征吸引众多大学生，促使思想政治教育效果的显现。

第三节 提高大学生的自我教育能力

思想政治教育中教育者和受教育者之间是依赖共生的关系，两者相互影响、相互作用，贯穿于思想政治教育发展的全过程。受教育者既是思想政治教育的对象,又是思想政治教育的主体。他们不是完全消极被动地接受,而是积极主动地理解、筛选、内化,思想政治自我教育就在此时不断进行,教育和自我教育二者相得益彰,统一在思想政治教育的过程。"教是为了不教",受教育者的自我教育状况反映出思想政治教育的水平和效果,特别是信息海量化的"微时代",思想政治教育必须加强大学生自我教育能力的培养。

一、提升大学生信息媒介素养

1. 信息媒介素养的含义

媒介素养是伴随互联网的不断壮大而兴起的一个研究领域,最早由西方学者提出,是指一个人关于媒介的知识水平和能力品质,是"为社会个体在媒介时代生存和发展所必须具备的思维方式、综合行动能力,包括利用媒介资源的动机、使用媒介资源的方式方法与态度、利用媒介资源的有效程度以及对媒介的批判能力等方面……在媒介教育学中,媒介素养不仅指媒介素养教育达成的关于媒介素养培育的目标,还意味着通过教育的手段(包括媒介的途径)将与媒介相关的知识、文化、价值观等传递给受教育者的能力。"[1]信息媒介素养主要就是人和媒介之间的关系处理。人与媒介之间的积极互动成为信息时代人们所必须拥有的生存能力之一,人处于主动地位,以媒介技术的发展为基础,媒介是作为培养和教育人的中介,最终目的还是人。

人如何看待自己在信息媒介中的作用和地位,如何支配信息和媒介资源,如何正确使用媒介,这些成为现代社会需要关心的问题。在人与媒介的互动过程中,要尊重媒介使用者的自主能力,同时又要帮助媒介使用者客观理性地看待媒介,正确有效地使用媒介,推动网络生活和现实生活的结合。要不断调整思想政治教育的方法和手段,培养大学生面对复杂的媒介环境中的自我保护能力,在生活实践中提高媒介素养。还要制定相应的法律法规,创设良好的媒介使用环境,推进中国网络信息建设的进程。

2. 媒介素养教育对大学生的作用

信息媒介素养已经成为大学生必备的知识体系,是思想政治教育的重要组成部分,是信息社会中人们赖以生存的基本能力和素质,是教育现代化的目标之一。优化和整合教学资源和教学手段,获取生存资源和发展机会,是人全面、自由、可持续发展的实践诉求。

---

① 刘津池:《当代媒介素养教育研究》,东北师范大学博士论文,2012 年。

　　媒介素养教育对大学生来说，可以丰富其知识体系，是网络社会中的基本能力。现在，互联网和各种媒介已经占据大学生生活的重要地位，对于媒介的使用和掌握情况，决定大学生现在和将来生存发展的程度，媒介素养教育将引领大学生更新生存理念，养成自我终身学习的习惯。

　　虚拟的网络生活提出新的价值取向和道德规范，激发个体的主体意识。在"人人都是自媒体"的网络中，人的网络实践活动不断创造新的奇迹。大学生的网络言行成为个体意识的具体体现，媒介素养教育可以帮助大学生规范其网络实践行为，正确认识媒介的价值和使用理念。媒介是一种传播的中介，可以承载各种意识形态和价值取向。媒介素养教育可以让学生认清媒介所传递的政治意识和文化价值，对网络伦理问题进行理性地判断，从而规范自身的媒介使用行为，提高大学生的道德水平和伦理意识，让网络媒介承担起思想政治教育的功能。要培养理性精神和自我判断能力，自觉抵制网络的不良行为，维持良好的网络秩序，净化网络环境，实现人的基本素质的现代化。

　　网络世界是现实社会的反映，人对媒介的依赖越大，现实生活也就越媒介化，因此，大学生的媒介素养教育其实也是对大学生现实生活的思想政治教育。"媒介素养"所指向的是"大众能够解读媒体、思辨媒体、欣赏媒体，进而使用媒体来发声，重新建立社区的媒体文化品位，并了解公民的传播权利和责任，即公民对媒介素养有了很好的认知后，可以影响媒介、优化媒介环境"，这就"赋予了公民更高的责任和主动权，使他们有能力加入咨询生产，善用媒体并进行公共监督"。[1]媒介素养教育可以培养大学生的公共实践能力和公共精神，有利于民主制度的建立和巩固。

　　3. 加强大学生媒介素养教育的路径

　　媒介素养教育的发展依赖信息技术和社会文化的发展程度，因教育的对象是人，要遵循人的发展规律，特别是青少年成长的规律，它是教育者运用一定的"媒介手段，传播与媒介相关的知识、态度、价值观和技能的实践，目的在于人的基本媒介素养的培养和提升，且最终在思维方式、价值观念等方面促进学生的发展，实现人的全面可持续发展。媒介素养教育达成的"培养人"的使命，就是在"人"的立场上开展其实践。

　　在当代媒介社会中，媒介素养教育的实践，在"人"的立场上进行的"人的培养"应当是"全面发展的人"的培养、"独立自主的人"的培养、"自我

---

① 邵瑞：《中国媒介教育》，中国传媒大学出版社 2006 年版，第 3 页。

创造的人"的培养、"自由实践的人"的培养。①媒介素养教育反映的是人与世界的认识关系，渗透着人类文明和文化的成果，在不同文化冲突中弘扬中华民族的价值理念，继承中华民族的优秀文化，正确理解中国国情和解决现实的问题，培育爱国主义热情和中华民族自豪感。创设系统完整的媒介素养教育课程，实现学科之间的渗透与互补，增加有针对性的学术专题讲座，开阔视野，创新思维，最大限度地提高网络舆论的引导力和号召力。

大学生网络意见领袖的培养还要求在进行信息发布和传播过程中始终保持谦虚谨慎的态度，拥有高度的自我控制能力和社会责任感，在甄别、判断、选择、分析信息的过程中拥有较强的敏锐性和反应能力。

二、提高大学生网络安全意识

1. 网络安全的现状

中国互联网络信息中心发布《2015 年中国手机网民网络安全状况报告》的数据显示，用户遇到的手机信息安全事件分为四种类型。一是各类骚扰短信和电话，发布各种垃圾广告或诈骗信息，骗取用户钱财或非法牟利。根据腾讯手机管家监测的数据，2015 年全年国内用户标记举报骚扰电话达到 10.8 亿次，诈骗电话举报达到 3.08 次，垃圾短信总数达 6.6 亿条，数量呈现爆发式的增长。二是信息泄露，各种网络新业务在为用户提供服务的同时，也会造成用户姓名、住址、电话、身份证号、消费记录等重要个人信息的泄露。2015 年 8 月，乌云漏洞平台披露超过 22 万个 iCloud 账号密码等信息被多款内置后门的 iOS 插件窃取，造成用户邮件、照片等信息全部泄露。10 月，安卓 APP 存在一个"虫洞"的安全漏洞，只要安卓设备连接网络，黑客可以远程控制手机，甚至上传隐私短信和照片，弹出对话框显示广告或钓鱼连接等，受影响用户预计达 3 亿人次。三是恶意软件在用户不知情或未授权的情况下安装、运行程序，出现恶意扣费、信息盗取、播放垃圾信息、远程控制、资源消耗、诱骗欺诈等违法或流氓行为。2015 年 CNCERT/CC 通过自主捕获和厂商交换获得移动互联网恶意程序数量近 148 万个，恶意扣费类、流氓行为类和远程控制类占比分别为 23.6%、22.2% 和 15.1%，恶意程序传播次数达8 384 万余次。四是不法分子通过钓鱼网站或二维码等手段给用户手机植入病毒木马，窃取用户银行账户密码或消耗用户手机资费，直接给用户造成重大

---

① 刘津池：《当代媒介素养教育研究》，东北师范大学博士论文，2012 年。

经济损失。2015 年国内安卓病毒包数量新增 1 670.4 万个,资费消耗类病毒占比最高,达到 74.22%,为 1 239.5 万个;其次为诱骗欺诈类和隐私窃取类病毒,占比分别为 9.75% 和 8.13%。应用市场是手机病毒传播的最主要渠道,占比 20%。

截至 2015 年 12 月,95.9% 的手机网民认为自己曾遇到过手机信息安全事件,由于骚扰广告、违法诈骗类手机安全问题多处于法律监管的灰色地带,并且缺乏行之有效的打击手段,是发生最频繁的安全问题。通过对手机信息安全事件给用户造成的损失进行分析发现,52.7% 的用户并未认为手机信息安全事件给自己造成了损失,大多数手机信息安全带给用户的并非直接经济损失,而是由于用户隐私泄露对日常生活造成的影响。由于个人信息泄露影响正常工作生活和花费时间与精力解决手机安全问题的用户占比分别为 26.4% 和 26.1%。因手机信息安全问题造成用户话费、流量丢失或者账户资金丢失等直接经济损失的比例占到所有遭遇过手机信息安全问题用户的 8.9%。当用户遇到手机信息安全问题时,48.6% 的用户首选使用手机安全软件,通过社交媒体公布安全事件、向相关部门举报投诉、向安全联盟反映问题的比例都不高,都在 10% 左右。超过 1/4 的用户在遭遇手机信息安全事件后不会采取任何措施进行处理,说明相当部分的用户还不具备手机信息安全事件的处理经验。

随着对信息安全问题的逐渐重视,手机安全软件逐渐被广大手机网民所接受,手机安全软件用户规模达到 4.5 亿人次,占整体手机网民的 72.6%。由于手机安全软件的主要作用在于对手机信息的被动保护,因此用户每天主动打开这类应用的情况较少。通过对手机安全软件各功能的使用率进行调查发现,手机垃圾清理、手机内存清理、扫描杀毒、骚扰电话拦截和流量监控是目前手机网民最为常用的五项功能,使用率均在 60% 以上。在安装了手机安全软件的用户中,43.8% 的用户认为手机安全软件在保护自己信息安全的同时也收集了自己的个人信息。对于这种行为,27.9% 的用户表示信任,55.1% 的用户存在顾虑。

2. 网络安全教育的发展前景

2016 年,中共中央办公厅、国务院办公厅印发的《国家信息化发展战略纲要》指出:我国信息化发展也存在比较突出的问题,主要是:核心技术和设备受制于人,信息资源开发利用不够,信息基础设施普及程度不高,区域和城乡差距比较明显,网络安全面临严峻挑战,网络空间法制建设亟待加强,信息化在促进经济社会发展、服务国家整体战略布局中的潜能还没有充分释放。对大学生来说，主要面临着对网络安全教育认识的滞后性和片面性。部分大学生在高校才开始真正频繁地接触网络，对网络安全只有模糊的概念，在实际使用过程中并没有很深刻的认识。

网络发展的领域越来越宽广，网络诈骗的方式越来越多，网络安全的法律法规具有滞后性，网络安全教育还没有深入人心，网络安全问题充斥着互联网的各个角落。大学所开的公共课程中只有"思想道德修养与法律基础"涉及网络生活的道德要求和道德建设以及"大学计算机基础"涉及网络安全。而现实中的网络安全却时时刻刻发生在大学生的身边，高校网络安全教育需要从课堂到课下，从线上到线下进行更多的宣传和关注，将网络安全教育制度化、规范化、常态化。大学生网络安全教育的内容涉及网络安全的内容非常少，大学生对网络的使用都是计算机的基础操作和运用，网络安全是教师讲授很少的部分，大学生的网络安全意识也没有树立起来。当遇到计算机中毒、发现木马程序时大学生会手足无措，网络的教学与大学生的实践相脱节。再加上大学生使用网络的程度不等，对网络知识和技能的把握具有很大的差异性，造成网络信息安全知识的讲授难度增加。网络安全教育的师资队伍还不够强大，很多教师的网络操作技术还没有大学生使用熟练，网络安全教育的开展就很困难。因此，建立一支高水平的网络安全教育队伍是网络安全教育的智力保障。

《2015年中国手机网民网络安全状况报告》显示，手机网络安全趋势表现在五个方面：一是移动网络服务快速发展，手机信息安全环境更加复杂，越来越多的O2O服务、手机购物和移动支付等业务快速发展，越来越多的用户信息通过互联网上传给各类应用服务商，手机安全风险向手机应用产业链上下游延伸的趋势明显。二是骚扰类信息安全事件频发，窃取用户信息的手段趋于隐蔽，信息安全事件数量显著增长，手机病毒和恶意软件影响群体的规模显著增长。三是智能手机功能的不断发展为用户提供便捷服务，但风险也逐渐增多，公共WIFI、二维码、伪基站等安全问题更易发生，用户对手机安全风险缺乏基本的安全防范意识。四是手机安全软件渗透率较高，防护功能齐全是用户首选的因素。五是改善手机网民的信息安全环境不能只依靠政府和相关部门，还需要汇聚社会各方力量进行深度合作，才能够对信息安全相关的违法犯罪行为进行有效打击。

高校针对大学生网络安全面临的严峻形势和问题，需要切实做好大学生的网络安全教育,降低大学生网络安全事故的发生,营造良好的网络环境。要加强大学生对网络安全教育的认识,把有关网络安全的相关知识渗透到课堂教学之中,树立学生自我防范意识,设立专门针对网络安全的监督机构,对计算机安全管理人员进行培训。加强对网络安全教育的投入,定期对网络安全的信息进行通报和宣传,提高对网络安全教育的思想意识,对网络安全知识和能力进行合理的考核,从领导到管理者,从教师到学生都要重视网络安全教育。网络安全教育不仅是大学生个人生存和社交的需要,更是思想政治教育内容的要求。思想政治教育的根本任务就是确立和弘扬社会主义核心价值体系,把大学生培养成为中国特色社会主义的建设者和接班人,网络安全教育可以帮助他们全面掌握网络安全知识,提高网络安全意识,培养网络安全行为规范,拥有网络自我保护能力,符合思想政治教育的目的。网络安全教育不仅可以提高大学生的网络操作的实践能力,抵御外部的各种侵害,还可以培养大学生良好的上网习惯,最优化地利用网络资源,运用所学的知识为社会服务。

大学生具有极大的好奇心和求知欲,网络的各种搜索功能迎合了他们的心理需求,但是各种负面信息也乘虚而入。长期的浏览和阅读会影响他们正确的价值观念,适时加入一些心理健康教育,解决他们面临网络与现实之间的矛盾和困惑,特别是对沉迷于网络中的大学生进行正确的引导和心理辅导,培养他们健全的人格。

网络安全法制教育是网络安全教育中的重要组成部分,大学生应当熟知各项网络法律法规,增强法律意识,设置相应的课程和讲座,善于运用法律武器武装自己,当遇到网络安全威胁时能够进行自我保护。总之,网络安全教育是高校思想政治教育工作中的组成部分,要聚集学校、教师、学生等多方力量,努力共同增强网络安全教育的效果。

三、提升大学生的自我教育能力

自我教育是一个古老而又常新的问题。自我教育即自己教育自己,是人类教育的发展过程中一种极其重要的教育方法。自我教育是当今开放社会、信息社会的必然选择,它不但适应了现代社会发展的需要,更是思想政治教育的重要方法和教育理念。思想政治教育中的自我教育要重视几个问题:继承中国传统文化的精华;注重思想政治教育者的引导作用;突出思想政治教育自我教育的主体性;重视环境因素对自我教育的影响。

（一）自我教育的内涵

中国古代的自我教育可以追溯到春秋战国时期，古人经常提到的"内化""内省"就是个体把外在的道德规范变成自我的道德素养，最终成为自己的道德行为。例如孔子的"见贤思齐，见不贤而内省"、曾子的"吾日三省吾身"、董仲舒的"性三品论"、宋明理学的"性二元论"，其实就是突出自我教育的重要性。目的就是通过"自省"的教育方法，把自我修养和自我德行达到理想的境界。中国儒家思想崇尚个人的修身养性，提高思想境界，但一直没有形成专门的学说和系统理论。西方的自我教育可以追溯到 2000 多年前。苏格拉底的名言"认识你自己"及"产婆术"就蕴含着自我认识的最初追求，要在启发学生自我认识的基础上，积极主动地获得规律性的知识。其后，夸美纽斯主张遵循儿童天性的教育，卢梭主张"自然教育"，赫尔巴特形成"品德形式阶段"理论。"自我教育之父"、前苏联的苏霍姆林斯基曾经说过："只有能够激发学生进行自我教育的教育，才是真正的教育。"[1]他详细论述了自我教育的地位、价值和方法。

今天，经济的发展不仅推动社会的进步，而且使人的思想得到了巨大的解放。随着教育范围的扩大，自我教育成为更多人自我认识、自我完善的方式。张耀灿教授就明确指出："教育者的作用是提供一个良好的外部条件，把教育的内容通过适合的方法传授给教育对象。人们的自我教育意识和自我教育的能力，需要在教育者的影响下形成和发展。所以，教育者提供自我教育的起点和动力，决定着自我教育的氛围和导向。"[2]

自我教育是指在教育者的影响和启发下，教育对象在其自我意识的基础上，发挥主体性作用，根据社会的规范和要求，有目的、有计划地进行思想转化和行为控制。它是思想政治认识和道德水平的一种高度自觉的自省自律活动。自我教育是人把自己同时作为教育者和被教育者，建立在自我认识的基础上的一种主体自觉的、有目的的教育活动，使其思想进行转化，主动地控制自己的行为，从而实现预定目标的过程。自我教育的概念众多，人们更倾向于邱伟光教授和张耀灿教授的定义："所谓自我教育，是指受教育者根据思想政治教育的目标和要求，在自我意识的基础上通过自我认识、自我体验、自我控制产生积极进取之心，主动接受先进思想和正确行为，形成良好的思

---

[1] 苏霍姆林斯基著，肖勇译：《教育的艺术》，湖南教育出版社 1983 年版。
[2] 张耀灿，郑永廷，刘书林等：《现代思想政治教育学》，人民出版社 2001 年版。

想品德和行为的方法。大学阶段是大学生自我意识发展和完善的重要阶段，是引导大学生进行自我教育的关键时期。"①

（二）思想政治自我教育

自我教育和灌输教育是对立统一的两个概念，成为人们教育过程中两大基本途径。灌输教育在人们早期的教育中发挥了巨大的社会作用，迅速提高人类的知识水平；而自我教育因其本身的独特性，经常被视为"圣人""学者"的专利，否认普通人自我教育的可能性，一直没有引起人们应有的重视。在经济全球化、价值多元化、教育大众化的信息社会，人们的教育方式面临各种新情况、新问题。自我教育作为教育的新模式也被提上日程，注重教育对象的主体意识和个性发展成为教育的主导价值取向。我国著名的教育家叶圣陶曾讲过，教育的目的就是为了达到不教育。自我教育是实现思想政治教育有效性的重要手段，充分认识自我教育的必要性是强化对自我教育过程引导的前提。

自我教育与传统教育不同，不能完全照抄照搬传统教育的方式方法。很多教育者受其身份影响，往往以群体教育为主，考虑个体教育不够，忽视受教育者的个性。思想政治教育客体具有"主体性"，是具有选择的主体。如果能够激发客体潜在自我教育的积极性、主动性、创造性和自觉性，不但能够弥补教育者对个体教育忽视的不足，而且能改变教育客体消极被动的地位，使思想政治教育更加切合自己的现实状况，增强了思想政治教育的效果。思想政治教育客体的特殊性在于它具有主体性，是一个自觉的存在，具有选择的自主性。思想政治教育只有通过启发、引导人们内心潜在的自我教育的积极性、自觉性、主动性和创造性，把教育客体当作是具有能动意识的独立个体，思想政治工作才能取得理想的效果。从一定意义上说，没有自我教育就没有真正的教育。在思想政治教育过程中，无论教育者是用知识传授思想和道德，还是用自身的道德、情操去影响受教育者，都必须得到受教育者的认同，影响其思想意识并为此付诸行动，这样的思想政治教育才算达到最终目的。受教育者的自我教育的自觉性越高，其外化的行动也就越多，自身的动力也就越大。因此，自我教育应该是思想政治教育成效最显著的方法和途径。

---

① 邱伟光，张耀灿：《思想政治教育学原理》，高等教育出版社 1999 年版。

（三）注重自我教育的关键内容

1. 继承我国传统文化中自我教育的精华

我国传统文化博大精深，源远流长，对人类文明的进步和发展有着超越时代的深远影响。我们要吸取精华，弘扬优秀传统文化，使思想政治教育富有民族色彩和文化底蕴，具有强大的说服力和认同感，更好地吸引人们自觉地加入到思想政治教育的自我教育中来。

郑永廷教授曾把我国传统文化中的自我教育方法归结为四个方面：一是学、思结合方法，即学是自我教育的第一要义，提高对理想状态的自觉性，"活到老，学到老"。知识是行为的先导，同时重视思的作用，严格解剖自己，分析自己，使自身有一个不断学习、不断完善的过程。二是自省方法，即自己内心反省自己的言行，去恶扬善，提高自我修养，达到理想的人生境界。三是克己方法，通过思考和自省，个人对事物的善恶好坏已经有了明确的辨别，在面对背离自己理想的事物时，还需要自身具有抵御不良诱惑的自制力。四是慎独，这是一种人格塑造和培养的重要方法，"勿以恶小而为之，勿以善小而不为"，更好地体现主体的主观性和自觉性。

2. 注重思想政治教育者对自我教育的引导

每个人从出生起就处在受教育的环境中，首先接受父母长辈的家庭教育，长大接受老师们的学校教育，到有独立思想时还要接受社会成员的社会教育。无论处在什么样的家庭环境、学校环境、社会环境，一个人的教育都要通过教育主体和教育客体的能动作用来转化。因此，他我教育与自我教育，既有联系，又有区别，是对立统一的两个方面。教育者的教育不能代替受教育者的自我教育，受教育者的自我教育也离不开教育者的引导。霍姆林斯基说："一个人直到十七八岁，还只是感到自己是个受教育者……直到成人都被人搀着走路，用过多的玩乐和满足去喂养他，这样做只能在他的精神世界里播种空虚和无聊。"[①]当然，教育者的教育引导和受教育者的自我教育在一定条件下是可以互相促进、相互转化的，关键在于受教育者的内化过程，即马克思主义哲学里强调的外因通过内因起作用。只有加强受教育者的自我教育，才能充分激发教育者和受教育者双方的积极性和主动性，达到思想政治工作的预期效果。

---

① 周韫玉：《简论自我教育》，《教育研究》，2000（2）。

3. 思想政治教育的自我教育必须注重主体性

思想政治教育中的自我教育是一项复杂的系统工作,具有很强的专业性、科学性和知识性。在思想政治教育过程中,必须采取科学的方法和态度,根据受教育者的现实状况和实际需要,注重主体性教育。思想政治教育只有通过启发、引导受教育者内心潜在的自我教育的积极性和自觉性,使人们在思想上、道德上、人格上完善自我,把受教育者当作是具有主体意识的独立个体,思想政治教育才能取得理想的效果,才能更好地服务社会,进而实现全社会的和谐、稳定和发展。因此,思想政治教育中的自我教育是以提高人的思想素质为目的,它经由认识内化到行为外化的交替过程,自我教育的自觉性越高,外化为行为的效果才会越显著。思想政治教育要贯彻主体性原则,这是取得教育效果的必要条件,是教育必需的延伸和扩展。一是思想政治教育必须从受教育者的需要和实际情况出发。二是在思想政治教育的自我教育中必须尊重受教育者的主体地位,发挥受教育者的主体能动性,有自我教育的需要,有一定的自我教育能力和自我教育习惯,从自在、自知到自觉、自为,激发受教育者自我教育能力的提高。三是自我教育要关注受教育者的全面发展,把内外因、主客观因素综合起来,全面地分析问题。受教育者自我教育能力的提高有助于提高思想政治教育的效果,促进他我教育与自我教育相结合,培养受教育者的自我教育习惯,时时、处处以思想政治教育的要求来指导自己的行动。

4. 环境因素对思想政治教育的自我教育影响

人们思想政治觉悟和道德水平的提高,需要通过家庭、学校、社会进行思想政治教育。社会环境体现着社会要求,蕴含着社会规范,是思想政治教育中自我教育活动开展的根本性的制约因素,不同的社会背景具有不同的追求目标。因此,社会环境直接制约着自我教育活动的开展和思想政治教育目标的实现。家庭、学校则是直接影响主体自我教育的基础。良好的家庭环境和学校氛围为主体的成长提供了适宜的自我教育环境,其榜样示范作用是巨大的,把社会要求的规范在内心加以理解和选择,并通过实践转化为自己比较稳定的自觉行为能力。只有不断地学习,不断地接受教育,才能适应不断变化的社会需要。思想政治教育中自我教育的环境优化是思想政治教育活动得以开展的重要保证。所以,加强对主体自我教育的引导,提高自我教育的能力，优化自我教育的环境，使之形成良好的自我教育习惯来适应社会需要显得尤为重要。思想政治教育不仅要求教育者把正确的思想和道德规范传授给广大群众，更重要的是用正确的思想去克服错误的思想，从而树立正确的世界观、人生观和价值观。

总之，自我教育思想源远流长，在中国传统文化中备受推崇，也是思想政治教育中一种重要的方式和教育理念。我国思想政治教育工作者应当充分重视自我教育，将自我教育和他我教育紧密结合，在总结前人经验的基础上，继承优秀传统，探索自我教育的过程和方法，使受教育者学会自我教育、主动教育、终生教育，为思想政治教育提供终极目标，促进人的全面发展，使思想政治教育工作迈入新的局面。

第七章

微阵地：加强高校思想政治教育的新管理

《2015年中国社交应用用户行为研究报告》显示，88.8%的微博用户会在手机端使用微博，随时关注微博动态，参与微博话题。微信成为大学生生活的必备品，随着微信公众平台影响力的增强，公众账号成为微信的主要服务之一。"微时代"思想政治教育工作者需要树立新的传播理念，才能占领微媒介的制高点，因循守旧的思想政治教育终会被不良的思想观念所侵蚀，被飞速发展的时代所抛弃。高校可以顺应潮流，建立公众号，提供大学生感兴趣的理论素材和话题讨论，做好新闻发言人的角色，吸引大学生的关注和参与，满足大学生获取最新知识的好奇心，打造高质量的互联网教育平台。同时出台和完善网络文化内容的分级制度，培养大学生独立思考和明辨是非的能力，增强学习主流文化的自觉性，减少网络娱乐对大学生的侵蚀，占领高校思想政治教育的新阵地。

第一节 搭建思想政治教育"微"平台

一、建立"微"平台，拉近"微"距离

思想政治教育者把握"微时代"的脉搏，占领宣传阵地，创造微话题，组织微讨论，关注受教育者的思想动态，通过微平台关注学生的微信息，通过转发、评论等形式真切关心受教育者，及时发现问题，迅速反应，形成反馈。目前，在政府、企业、高校都建立有新闻发言人制度或者"两微一端"（微博、微信、新闻客户端），信息的公开力度大大增强，与网民的互动日益频繁，新媒体建设得到空前的发展。

1. 积极组织微博话题讨论

微博主打陌生人社交，是基于社交关系来进行信息传播的媒体平台，通过人与人之间的"关注""被关注"来传播信息。它在经历了行业调整后，由早期关注的时政话题、社会信息，发展为垂直化的兴趣社区，兼具媒体和社区属性，吸引了众多大学生的注意，成为大学生了解世界、信息交流的重要平台。高校微博面对的群体对象有高校学生、高校教师、教育工作者、学生家长、各兄弟院校、新闻媒体、高考学子等，主要是为了向社会宣传学校，扩大学校的影响力和吸引力。因此，高校微博要敢于发声、善于发声、勤于发声：经常@兄弟院校，增强高校之间的交流和友情，在服务学生的同时达到宣传的目的；经常与校外资源互动，加强与企业、其他院校、实习基地、见习单位的沟通，帮助解决毕业生就业问题，提高外界与学校之间的沟通效率；经常与学生进行互动，教师与学生之间的联系时间本就不多，运用移动终端进行互动，可以帮助课前预习、课堂组织、课后作业、掌握学生思想动态、解决困难和疑惑；增加学生之间的互动，加强理论与实际的交流，互帮互助，提高学生的学业成绩，群策群力办大事，充分激发学生才智，培养学生的合作意识。思想政治教育者要正视微博在大学生中的影响力，发挥其传播便捷、交流性强、便于分享等特点，充分利用，善加引导，增加思想政治教育的覆盖面，积极寻找图文并茂的资料，改变政治理论枯燥的说教面孔，设置具有思考性的话题讨论，避免单一发布信息的尴尬，培养大学生独立思考的能力，发挥隐性教育的优势，让受教育者在微博平台中切身体会到自身价值。

2. 创设思想政治微信公众号

微信朋友圈是以即时通信工具为基础衍生出来的社交服务，现阶段，用户规模不断拓展，产品功能日益丰富。搭建校园微信公众平台是思想政治教育在微博中引导舆论的首要环节，目前专门设立思想政治教育公众号的高校相对较少，高校创设并及时更新思想政治教育公众号势在必行。例如，东北师范大学思想政治教育研究中心的微信公众号经常发布一些研究成果、新闻报道、政策解读等信息，给大学生了解学校热点、提高学习、充实生活有很大的帮助，实现了高校、教育者、受教育者三方的联动，利用课堂和网络的互补，传播喜闻乐见的信息。要充分利用微信的众多功能来了解学生、掌握学生、引导学生、教育学生；微信定位服务功能的利用可以帮助思想政治教育工作者掌握大学生的活动范围，了解他们的生活习惯，有利于提高思想政治教育的针对性；利用微信的特点推介功能，掌握学生最关心的新闻和特点，有利于调整思想政治教育的内容和方式；利用微信的朋友圈功能，掌握学生的生活状态和心理活动，有利于思想政治教育进行心理疏导和积极引导；利用微信的"摇一摇"功能，拓展思想政治教育的范围和空间，让思想政治教育渗透给更多的人群。

高校还可以在微信中开展心理健康教育，鼓励大学生积极讨论学习成果和评比，创建宽松和谐的微信环境，及时疏导和解决大学生的思想和心理问题，充分利用微信公众号和朋友圈所提供的共享资源。学校通过微信公众号开展主题新颖的话题，开展丰富多彩的活动，对热点新闻或社会现象分享和交换意见，提升受教育者的参与度和存在感，增加对教育者的信任感，增强思想政治教育的说服力和感染力，从而提高思想政治教育的有效性。

3. 积极开展网络微教育

随着互联网技术的不断应用和推广，人们对知识和技能的需求增加，在线教育的市场快速发展。一方面，社会对专业人才和全面人才的需求日益增强；另一方面，大学生主动接受各种教育提升自身竞争力的意愿加大。学校积极搭建网络在线教育，教师主动增加微课程的教学，以满足大学生的需求和学习动机。有针对性地精准定位，推荐定制化的学习内容，为微教育提供真实场景的教学体验。增强互动性，充分发挥微媒介在大学生中的影响力，最大效率地利用传播内容提高思想理论水平，提升学习效率的同时展现思想政治教育的成效。在高校微媒介的广泛推广和使用过程中，真正认识到它们对大学生的巨大影响，将社会主义核心价值观、主流意识形态和微媒介的传播内容实现对接，让思想政治教育拥有新颖的话题和活泼的形式。依托高校丰富的校园文化，建立多层次的微媒介社交平台，囊括学校官方、教师、社团、党团、辅导员、各行政部门在内的微媒介平台，形成具有一定规模和数量的庞大微媒介社交圈。让大学生在社交领域得到高校微媒介的影响，积极传播正确的价值观念，传递校内外的正面信息，成为一个范围广、形式多、组织强、成本低、成效好，影响深的校园传播渠道。树立高校的良好形象，实现与大学生顺畅地沟通，对大学生生活和思想问题及时进行疏导。收集和响应大学生的诉求，扩大思想政治教育的影响力。

4. 增强高校服务理念和功能

思想政治教育者在进行发布信息之前，先花费一定的时间和精力学习转载和评论高的微博或微信信息的写作经验，吸引学生的关注，为学生服务，包含教学管理、教务系统、校园信息、教学评价、学籍档案、社团活动、知识讲座、党团消息、就业信息、组织培训、宿舍管理、后勤保障，等等。处理大学生急需了解和解决的问题，开阔大学生的眼界，对他们的成长有所裨益。

"两微一端"的高校平台除了合理、及时、科学地发布信息，还要不定时进行维护，确保其正常运转。高校对微媒介进行大力的宣传，旨在激励广大师生对微媒介的重视和引起兴趣，积极拓展学校之间、师生之间、学生之间的交流与资源共享。

高校辅导员是活跃在思想政治教育领域第一线的工作者，他们经常通过微媒介解决学生日常生活中的各种生活和思想问题。授课教师可以通过线下掌握学生学习情况、布置和检查作业、答疑解惑、拓展知识、课程预习等方式，与大学生积极沟通和交流，为他们提供学习和思想的帮助。各行政部门及时发布学校动态、新闻热点、活动开展、教学情况、榜样宣传、就业指导等内容的消息，提供学生最关心的切身利益和未来发展，增强对学校的依恋和感情。学生干部和社团组织积极推送传播正能量的短文、信息、图片、视频、动画，以大学生的视角来正视社会、学校和自我，从大学生的兴趣爱好着手，宣扬社会主义核心价值观，面临重大危机时做好引导工作，面对各种谣言做好解释工作，帮助大学生树立正确的世界观、人生观和价值观。

5. 积极组织开展各项学生活动

微媒介在大学校园的普及，越来越多的学生和教师加入进来，教师在课堂教学过程中，引入微媒介的信息、评论、新闻、推介，改革传统课堂模式的单一。课下可以根据课堂探讨选取微信的内容推送课堂知识，延伸课堂理解，进行一些话题讨论的活动，甚至可以组织课下活动，锻炼学生的实践能力，在实践中有全新的认识，为以后的课堂教学打下基础。师生之间的互动时间和空间在大学校园里受到一定的限制，微媒介为师生之间深入的互动提供了新的场所。微媒介虽然没有面对面的沟通效果明显，但其平等性拉近了师生之间的距离，可以在轻松愉悦的环境下表达真实的自己。思想政治教育者可以在微媒介中进行专题教育，利用最前沿的理论教育学生，让他们感受到时代的力量，感受中国的自豪，感受国家的昌盛，感受改革的动力，感受社会的进步，在教育活动中提升对党和国家的信任，提高对学校和教育的自信。

微媒介的使用范围也扩展到社团活动中。例如 2017 年 1 月，广西师范大学微博协会阅读量累积达 2 532 万人次，为了传递最新、最实用的校园资讯，搭建广西师范大学最完善、最开放的新媒体平台，以微博之力，让校园更美好，让更多拥有共同兴趣爱好的大学生聚集在一起。社团运用微媒介组织积极向上的活动，体验到社会的人情和温暖，体会到集体的力量。活动的开展不仅快捷简单，而且可以获得特别的教育效果。结合教师讲授的理论知识和指导老师的组织领导，帮助大学生由理论到实践，从感性认识上升到理性认识，能更深入地了解社会的方方面面，为以后步入社会打下基础。

班级的微媒介使用，可以调动大家的积极性，提高群体的参与意识，唤起每个学生的班级责任感和集体荣誉感，使同学之间的联系更加频繁，有利于班级管理和活动的开展。

二、培养"微"意识，净化"微"环境

1. 树立正确的网络观

移动开启 4G 时代，桌面互联模式开始转变为移动模式，信息不再局限于电脑，手机成为大学生的新宠。"低头族"不断壮大，人们获取信息的方式更便捷，"秒删""秒赞""刷屏"等词语成为"微时代"的速度体现。但因信息量过于庞大，教育者要实现对信息的完全把控已不现实，必须依靠主客体双方的努力。教育者需要引导大学生的网络使用习惯，开展媒介素养教育，树立正确的网络安全理念，加强自我控制能力、道德判断能力和信息甄别能力，鼓励他们通过各种渠道搜索相关的知识来证实信息真伪，谨慎转发或评论消息，避免盲目跟风。

同时，教育者还要培养大学生高尚的道德情操，树立正确的价值取向，形成健全的人格，提升政治素质和媒介素养。合理利用网络，恪守道德规范，发布正面信息，融合校园主流文化和积极向上的亚文化。增加校园文化的深度和广度，创设健康向上的微环境。传媒本身具有一定的意识形态功能，任何意识形态都需要通过媒体进行传播，高校师生需要认清媒介的作用，善于

辨识微信息中的价值取向和意识形态，利用微媒介进行思想政治教育，成为统一思想、凝聚力量的舆论宣传工具，成为人民群众文化生活的重要载体，起到凝聚人心、弘扬正气的作用。

微媒介需要确立以社会主义核心价值体系为指导，倡导中华民族优秀传统文化的传承，成为党和国家的代言人，高举中国特色社会主义伟大旗帜，坚定不移地走中国特色社会主义道路。因此，广大师生在使用微媒介的过程中，要坚持正确的舆论导向，有高度的政治鉴别能力，培养强烈的社会责任感，坚决抵制不良的价值观念，拒绝虚假信息和谣言的传播，提高对个人信息和隐私保护意识，把内化的思想观点转化为自己的行为，增强思想政治教育的效果。

2. 避免二次元文化的干扰

中国互联网络信息中心发布的《2015 年中国青少年上网行为研究报告》的数据分析表明，最近几年，架空类的小说、动画、漫画、视频、游戏等"二次元"网络文化风靡大学生群体，无所不包的社交网络给它提供了重要的发展空间，覆盖范围日益扩大，引起社会、学校、家长的高度重视。由于大学生的价值体系尚未形成，容易受到网络环境和传播内容的影响，过度沉迷二次元世界容易产生偏激思想、虚拟偶像崇拜、存在感缺失甚至对现实世界丧失兴趣等问题。

二次元文化是人们幻想出来的唯美世界，因画面是二维图像构成而得名。它用各种憧憬的形式冲击人们的视觉体验，随着互联网的虚拟性不断发展渗透，通过各种方式融入到大学生的生活之中，已经成为年轻、最酷、最潮的代名词。它与现实世界相脱节，影响大学生对历史、人物、事件的真实认知，沉浸于对虚拟偶像的崇拜和喜爱，改变着大学生对美的理解，冲击着主流文化的市场，连央视都做过"二次元"的专题，可见二次元文化的影响力。

二次元文化是青少年对流行文化以日、韩消费模式为核心在中国的演变后形成的新生代文化。青少年对这种文化的需求高涨，通过移动互联网的积极推动，二次元文化规模不断发展壮大，向传统文化发起强有力的冲击。动漫、游戏、漫画形成一个相互影响的整体，呈全方位、立体式发展，形成一条完善的产业链，孵化成为游戏、影视、文学和各种周边衍生品。虽然二次元文化还不能取代主流文化，但因对年轻人的深刻影响，是思想政治教育无法规避的问题。思想政治教育者不能忽视网络文化传播的土壤，要切实关心大学生所关注的内容，多了解，善观察，勤联系，常沟通，从大学生日常生活的点点滴滴引导他们思想的健康向上，帮助大学生形成正确的世界观、人生观和价值观。

3. 建立网络教育培训体系

就目前大学生使用微媒介的程度和高校教师具备的媒介教育现状而言，提高思想政治教育者的媒介素养和能力势在必行。教育者需要具备媒介传播的理论知识，熟练掌握微媒介的使用方法和制作方式，运用教育学和心理学的理论探究大学生的心理规律，从理论上把握他们的思想动态和发展方向，提高遇到危机时的应变能力和处理能力。同时，大学生的媒介素养也需要通过教育来提升，毕竟他们是微媒介最广泛的使用者。学校可以通过开设课程、专题演讲、座谈访问、参观实习等方式加深大学生对网络媒体的认识和体会，尤其是网络选修课程的学习和培训，加强学校微媒介的文化建设。

不管是大学生还是教育者，提高媒介素养和传播教育，认识媒体在学校和社会中的地位，形成多层次、全方位的培训机制，切实把社会主义核心价值体系融入宣传和教育的全过程，让主流价值观念以鲜活生动的方式加以报道宣传，建立思想政治教育在微媒介中的新阵地。

高校辅导员是思想政治教育的主要师资队伍之一，是微媒介最有效的发布者和执行者。教育部思想政治共工作司在 2012 年举办的全国高校辅导员职业技能竞赛中，专门增加"微博写作"的项目。辅导员要充分了解微博的功能和特点，增强微博的运用和写作能力，重视微媒介的使用和推广，组织多种多样的培训项目和内容，重视微媒介在思想政治教育过程中的载体作用，发挥思想政治教育在大学生微媒介信息传播和使用中的渗透功能。

第二节　加强各方力量的监督和管理

《2015 年中国社交应用用户行为研究报告》统计数据表明，从对微博功能的使用情况来看，73.9%的用户通过微博关注新闻或热点话题。通过微信及时了解新闻热点的提及率在 50%左右。2016 年 4 月，习近平总书记在网络安全和信息化工作座谈会上提出："让互联网更好造福人民"。信息社会必须加强互联网的建设和监管，否则势必影响经济、政治、文化、社会、生态、军事等领域的发展。因此，思想政治教育工作者要善于利用微媒介加强思想宣传，弘扬中华优秀传统文化，增强爱国主义教育，加大典型模范的榜样宣传，正确引导大学生的舆论导向，引领社会主义文化建设的主要内容，加强"微"宣传的影响力和号召力，创造积极向上的网络舆论氛围。此外，学校为规避网络舆论的消极影响，应当做好舆情收集、研究和判断工作，对可能出现的敏感信息进行预判，制定舆情预警机制，预防舆论危机。对突发的舆论事件做好危机公关，及时传达信息，采取合理有效的措施。

一、完善网络法律法规，构建"微"格局

网络的管理离不开政府，我国先后颁布了《信息网络传播权保护条例》《关于网络游戏发展和管理的若干意见》《互联网信息服务管理办法》《互联网新闻信息服务管理规定》《中国互联网行业自律公约》《互联网站禁止传播淫秽、色情等不良信息自律规范》《互联网文化管理暂行规定》《教育网站和网校暂行管理办法》《互联网电子公告服务管理规定》《维护互联网安全的决定》《互联网信息搜索服务管理规定》《中华人民共和国网络安全法》《国家网络空间安全战略》《关于推动传统媒体和新兴媒体融合发展的指导意见》《国家信息化发展战略纲要》等法律法规，营造了良好的网络环境，加快了网络信息管理的法制化进程。

1. 《互联网信息服务管理办法》

2000 年 9 月 20 日，中华人民共和国国务院第 31 次常务会议通过《互联网信息服务管理办法》，开启中国互联网立法的大门。虽然只有 27 条，很多只是原则性的条例，还不够细化，但涉及的内容意义深远。它规定互联网信息服务是指互联网向上网用户提供信息的服务活动，具体分为经营性和非经营性两类。规定国家对经营性互联网信息服务实行许可制度，对非经营性互联网信息服务实行备案制度；以列举式的立法范式规定了从事经营性与非经营性互联网信息服务应该具备的条件与审批程序；规定从事新闻、出版以及电子公告等服务项目的互联网信息服务提供者、互联网接入服务提供者的记录、备份备查义务；规定了互联网信息服务提供者不得从事制作、复制、发布、传播的九条禁令；规定了对违法经营互联网信息服务者的处罚标准以及监督管理机关的职权与职责。规定对经营性互联网信息服务实行许可制度；对非经营性互联网信息服务实行备案制度；未取得许可或者未履行备案手续

的，不得从事互联网信息服务。并采用列举式的体例规定了经营性与非经营性网站的许可、审批、核准所应该提交的文件、审核机关与相关程序，应该说这是一种实质审批制度。

2. 《互联网新闻信息服务管理规定》

2005 年 9 月 25 日，国务院新闻办公室、信息产业部联合发布《互联网新闻信息服务管理规定》，对于互联网信息内容服务领域产生深远影响。一方面适应了网络发展和技术进步对于互联网新闻信息服务管理提出的新要求和新课题，一方面针对互联网新闻信息服务高速发展的现状，提出相对务实和可操作的管理定位，使得国内新闻信息服务管理工作得到了更加客观和明确规章的规范指导，也反映出政府加大了对于新闻信息服务管理工作的重视力度。对此，一方面，各大综合类网站、社区、博客等内容服务模式必须作出相应的调整；另一方面，ICP 及其增值服务的产业结构、合作模式、发展方向、竞争格局也将受到影响和制约。它的出台对于国内互联网新闻信息服务的管理具有积极的指导意义和现实意义，成为国内互联网新闻信息服务走向规范和新的繁荣的重要契机。①

3. 《关于推动传统媒体和新兴媒体融合发展的指导意见》

2014 年中共中央办公厅、国务院办公厅印发《关于推动传统媒体和新兴媒体融合发展的指导意见》，提出整合新闻媒体资源，推动传统媒体和新兴媒体融合发展，是落实中央全面深化改革部署、推进宣传文化领域改革创新的一项重要任务，是适应媒体格局深刻变化、提升主流媒体传播力、公信力、影响力和舆论引导能力的重要举措。推动媒体融合发展，要遵循新闻传播规律和新兴媒体发展规律，强化互联网思维，坚持正确方向和舆论导向，坚持统筹协调，坚持创新发展，坚持一体化发展，坚持先进技术为支撑。推动媒体融合发展，要将技术建设和内容建设摆在同等重要的位置。推动媒体融合发展，要按照积极推进、科学发展、规范管理、确保导向的要求，推动传统媒体和新兴媒体在内容、渠道、平台、经营、管理等方面深度融合，着力打造一批形态多样、手段先进、具有竞争力的新型主流媒体，建成几家拥有强大实力和传播力、公信力、影响力的新型媒体集团，形成立体多样、融合发

---

① 顺风：《解读〈互联网新闻信息服务管理规定〉》，《软件工程师》，2005（11）。

展的现代传播体系。

4. 《关于推动传统出版和新兴出版融合发展的指导意见》

为推动传统出版和新兴出版融合发展，把传统出版的影响力向网络空间延伸，2015 年国家新闻出版广电总局、财政部出台《关于推动传统出版和新兴出版融合发展的指导意见》。要求坚持以先进技术为支撑、内容建设为根本，充分运用新技术，进一步掌握网络空间话语权，进一步提高出版业的影响力、传播力和竞争实力。始终坚持贴近需求、质量第一，严格把关、深耕细作，将传统出版的专业采编优势、内容资源优势延伸到新兴出版，更好发挥舆论引导、思想传播和文化传承作用。顺应互联网传播移动化、社交化、视频化、互动化趋势，综合运用多媒体表现形式，生产满足用户多样化、个性化需求和多终端传播的出版产品。进一步加强实体书店建设，努力将实体书店建设成为集阅读学习、展示交流、聚会休闲、创意生活等功能于一体的复合式文化消费场所。利用社交网络平台，建立出版网络社区等传播载体，打通传统出版读者群和新兴出版用户群，着力增强黏性，广泛吸引用户。借力商业网站的微博、微信、微店等渠道，不断扩大出版产品的用户规模，进一步扩大覆盖面。运用大数据、云计算、移动互联网、物联网等技术，加强出版内容、产品、用户数据库建设，提高数据采集、存储、管理、分析和运用能力。积极通过多种方式吸收借鉴、善加利用先进的传播技术和渠道，借力推动出版融合发展。充分利用新一代网络的技术优势，加快发展移动阅读、在线教育、知识服务、按需印刷、电子商务等新业态。制定网络出版等新兴出版主体资格和准入条件，制定加强信息网络传播权行政保护指导意见，推动网络使用作品依法依规进行。充分发挥全民阅读、国家古籍整理出版、农家书屋、民文出版、出版发行网络建设、绿色印刷、"丝路书香"、国家数字复合出版、数字版权保护技术研发等项目的带动作用，支持提升出版融合发展的质量和水平。

5. 《互联网信息搜索服务管理规定》

2016 年 6 月 25 日，国家互联网信息办公室发布《互联网信息搜索服务管理规定》，首次明确提出了"互联网信息搜索服务"的概念，明确互联网搜索服务提供者在提供服务时应当履行的义务，从政府监管、企业社会责任与商业行为规范等方面出发，从源头上进行信息管理，为网民营造更客观、公平、权威的信息搜索环境。微媒介平台的企业不能只追求商业利益，也应担负相应的社会责任，对散播和转载谣言的不良用户严格管制，严重者可以封号处理。国家通过完善网络管理的规章制度，严格把控传播渠道的来源，认真核实传播内容的真实性和正能量，增添不良信息的过滤和屏蔽功能，打击非法网络公关。互联网搜索服务提供者应当落实主体责任，建立健全信息审核、公共信息实时巡查等信息安全管理制度，不得以连接、摘要、联想词等形式提供含有法律法规禁止的信息内容。它的出台既是我国互联网搜索服务领域发展实践规律和经验性成果的总结，也是对广大网民合法权益保护呼声的回应，为我国互联网产业健康有序发展做好制度基础。

6.《国家信息化发展战略纲要》

2016 年 7 月，中共中央办公厅、国务院办公厅印发了《国家信息化发展战略纲要》，提出网络强国"三步走"的战略目标，要构建安全可控的信息技术体系，着力构筑移动互联网、云计算、大数据、物联网等领域比较优势。面向信息通信技术领域的基础前沿技术、共性关键技术，加大科技攻关。要完善人才培养、选拔、使用、评价、激励机制，破除壁垒，聚天下英才而用之，为网信事业提供有力的人才支撑。要围绕推进供给侧结构性改革，发挥信息化对全要素生产率的提升作用，培育发展新动力，支撑我国经济向形态更高级、分工更优化、结构更合理的阶段演进。持续深化电子政务应用，着力解决信息碎片化、应用条块化、服务割裂化等问题，以信息化推动国家治理体系和治理能力现代化。①当今世界，信息技术创新日新月异，以数字化、网络化、智能化为特征的信息化浪潮蓬勃兴起。以信息化驱动现代化，建设网络强国，是落实"四个全面"战略布局的重要举措，是实现"两个一百年"奋斗目标和中华民族伟大复兴中国梦的必然选择。

7.《中华人民共和国网络安全法》

2016 年 11 月 7 日，十二届全国人大常委会第二十四次会议表决通过了《中华人民共和国网络安全法》，是统领国家网络安全工作的基础法律，对于保障网络安全，维护网络空间主权和国家安全、社会公共利益，保护公民、法人和其他组织的合法权益，促进经济社会信息化健康发展，影响深远。网络安全法是国家网络领域的基础性法律，涵盖了网络安全各个领域的内容，规定了网络安全的主要任务和相关制度。从立法内容上看，这部立足全局、统领

---

① 王艺静：《〈国家信息化发展战略纲要〉出台，明确未来 10 年信息化发展蓝图》，《中国勘察设计》，2016（08）。

网络安全各领域工作的综合性法律，涵盖了网络安全支持与促进、网络运行安全、网络信息安全、监测预警与应急处置、法律责任等内容，确立了保障网络安全的基本制度框架，解决了一些长期以来无法可依的重要问题，有利于中国特色网络安全法律制度体系的建立，为维护网络安全提供坚实的法律制度保障。①它的出台为保障网络安全，维护网络空间主权和国家安全、社会公共利益，保护公民、法人和其他组织的合法权益，促进经济社会信息化健康发展奠定了法律基础。

8.《国家网络空间安全战略》

2016 年 12 月 27 日，国家互联网信息办公室发布《国家网络空间安全战略》，为国家未来网络安全工作的开展指明了方向。作为我国网络空间安全的纲领性文件，它重点分析了目前我国网络安全面临的"七种机遇"和"六大挑战"，提出了在总体国家安全观指导下，通过统筹国内、国际两个大局和统筹发展、安全两件大事的基础上，推进网络空间"和平、安全、开放、合作、有序"地发展战略目标。它整体构建了维护网络空间和平与安全的"四项原则"，即"尊重维护网络空间主权、和平利用网络空间、依法治理网络空间、统筹网络安全与发展"。不但反映了互联网时代世界各国共同构建网络空间命运共同体的价值取向，也反映了互联网时代"安全与发展"为"一体双翼"的主潮流。为了保障网络空间"五大战略目标"的实现，《国家网络空间安全战略》提出了基于和平利用与共同治理网络空间的"九大任务"：坚定捍卫网络空间主权、坚决维护国家安全、保护关键信息基础设施、加强网络文化建设、打击网络恐怖和违法犯罪、完善网络治理体系、夯实网络安全基础、提升网络空间防护能力、强化网络空间国际合作。②它的出台，切实维护国家在网络空间的主权和安全，有助于我国实现网络强国的战略目标。

近两年，国家颁布大量关于互联网管理的法律法规，越来越重视网络空间的安全和管理，互联网管理的基本制度已经初步建立，网络立法初见成效，填补了很多网络发展的空白，是国家安全的重要组成部分。但是同时也还存在立法主体多、可操作性不强、漏洞较多、权责不明、形成管辖真空，需要进一步建立健全互联网立法，满足互联网管理的现实需要，建立完备的法律

---

① 孙佑海：《网络安全法：保障网络安全的根本举措——学习贯彻〈中华人民共和国网络安全法〉》，《中国信息安全》，2016（12）。

② 王春晖：《解读〈国家网络空间安全战略〉》，《通信世界》，2017（03）。

体系。

二、健全监管机制，形成"微"力量

互联网的管理不能只依赖国家和法律，还要社会各方力量共同努力。"微时代"高校思想政治教育的开展，需要政府进行宏观监控、运营商自我进行监察、高校进行微观监控，社会进行自我净化、学生进行道德自律，在整个复杂多变的网络环境中，帮助大学生营造一个健康向上、积极奋进的互联网环境，促进大学生自由而全面的发展，保障他们健康成长。

1. 运营商自我监察机制

网络运营商是网络服务的开发者和提供者，拥有先进的网络技术，有义务和责任做好网络平台的监管工作，不仅需要掌握网络运行的状况，还需要为广大网民朋友提供优质的服务，其中就包含对网络运行情况的监控和管理，对于微媒介的运营商来说也是如此。

首先，微媒介运营商需要提升准入制度。在网民进行注册使用时，运营商可以增加公众平台的审核条件，发布者对公众平台信息负责，保证其真实性和健康性。目前，网络媒介的使用都比较宽松，使用者只是简单地设置登录账号和密码，提供一个邮箱号就可以轻松注册成功，而对邮箱和真实身份的审核不是很严格，注册的个人资料不真实或者不完整。因此，运营商应当联合公安部门打造网络实名制，完善账号的申请和管理，提升网络准入门槛，完善用户的资料信息。除了有效真实的邮箱之外，还可以填写真实的姓名、身份证号，甚至可以上传本人手持身份证的清晰照片。公安部门对其进行审核和认证，防止他人盗用其身份信息。对用户的使用行为有一定的约束作用，能够打消一部分人的犯罪思想，当进行网络犯罪时可以以最快的速度确立嫌疑人，帮助公安部门进行破案，一定程度上可以减少网络犯罪的发生。例如，新浪微博就推出了名人认证系统，在认证用户的名字之后有一个金色的"V"标志，包括节目微博、媒体微博、企业微博、记者微博、明星微博等，避免公众对其身份的混淆从而引发一定的误解。微博认证申请者只要在认证的对象范围内使用实名并提供真实的微博地址、联系方式、身份证明等，就可以成功认证。因此，对于具有金色"V"标志的微博账号，公众对其信任度就会增加，反之则降低。实行实名制可以增强用户的自觉性，建立真实、诚信、理性、公正的网络环境。

其次，微媒介运营商要提供技术监管。运营商可以花费一定的精力和技术建立敏感词库，对发布信息的内容进行一定的筛选，对涉及淫秽色情、低俗不堪的信息及时屏蔽，跟随时代的发展和流行词语的变更对敏感词库不断进行更新，对新出现的事件和话语进行及时反馈。运营商在技术上对用户的信息进行保密，确保用户信息的安全。运营商还可以对网络诈骗和网络犯罪组织人力和物力进行研究，在技术上进行防范和控制，在平台的管理过程中发现敏感信息和社会问题及时进行处理，与政府相关部门进行沟通和处理。微媒介运营商需要健全举报制度，设置相应的举报窗口，开设举报功能。对举报的线索进行查证，及时有效地处理和解决，造成影响的信息及时进行删除，第一时间阻断信息的传播，列入黑名单。建立网络诚信系统，对黑名单网络行为有一定的限制，可以增加网络犯罪的成本和代价。运营商还可以对提供有价值线索的积极举报者给予一定的奖励，鼓励网民群众的举报行为，对谣言、色情、欺诈、暴恐、反党等负面言论进行彻底清除，还包括大学生在内的广大网民一个健康绿色的网络环境。

最后，微媒介运营商有必要从道义上尽到提醒责任。网络群体的逐渐壮大对网络的管理造成极大的难度，运营商不可能随时监管每个使用者和传播者，对网络犯罪分子和诈骗分子实行全方位的监控是不可能实现的。因此，运营商对异常使用者和不安全因素给予用户适当的提醒，通过一定的技术渠道对可能存在网络犯罪和诈骗的网站、消息、链接、转账等进行提醒和预警，提高网络用户的自身防范意识，减少网络犯罪发生的次数和频率。特别是运营商在涉及钱财、转账、个人身份和账号信息泄露时，义务地告知使用者存在的安全隐患和风险，提高自我保护意识。例如近几年有关校园贷款的新闻屡见不鲜，给不少学生和家庭带来悲剧，如果多增加些提醒和防范，或许会减少类似事件的发生。涉及陌生人交友时，运营商可以提醒自我保护的信息和方式。手机安全软件有手机号码标记的功能，针对诈骗、保险、中介、推销、快递等进行详细的分类，当这个号码打来时拥有同样功能的用户可以马上知道对方的身份，避免受到骚扰和受骗。运营商如果可以仿照设置相应的功能，在使用同一软件的用户可以提高警觉，降低犯罪分子的成功率。

运营商在净化网络环境中扮演着重要的角色，肩负着巨大的责任。2014年4月4日，微信面向公众号发布《微信公众平台运营规范》，对利用其他账号、工具或第三方平台进行公众账号推广，强制或诱导用户分享等行为进行了大量限制规定，主要针对非法、虚假、恶意营销等信息的传播，以及违规刷粉、恶意互推等公众账号行为进行管理和规范。微信针对运营过程中的注册规范、认证规范、行为规范、内容规范、支付规范、内测规范、商标与商业外观、处罚与举报规范进行了详细的规定，旨在维护运营者、用户、平台等各方共赢有利的生态体系。

2. 强化高校网络舆情监管

网络舆情是人们内心思想的体现，是社会态度的集中，是信念价值的外显。"微时代"思想政治教育必须加强对网络舆情的监管和研判，才能第一时间了解大学生的关注焦点、所思所想和行动方向。

2014 年，教育部、国家互联网信息办公室发布《关于进一步加强高等学校网络建设与管理工作的意见》，强调加强和改进高校网络建设和管理，要以中国特色社会主义理论体系为指导，按照积极利用、科学发展、依法管理、确保安全的方针，遵循信息网络规律，树立正确导向，着力内容建设，营造文明健康、积极向上的网络育人环境，维护高校网络文化信息安全。推动成立高校校园网站联盟，加强教育系统官方微博联盟建设，整合高校网络宣传内容，增强高校之间主流网络舆论的互联互动，拓宽先进文化、正面声音传播途径。各级教育部门和高校要制定网上信息发布、报送和舆论引导工作规程，形成教育部、各地教育部门、各高校之间信息共享、定期会商、联动反应的舆情工作模式。结合师生关注的重点、热点和难点问题，加强对校园交互社区、网络即时通信特别是网络群组的舆论引导，有针对性地回应网上关切。建立教育部门与互联网信息内容主管部门舆情沟通协作机制和突发事件应急反应机制，制订完善高校网络舆情应急工作预案，综合利用传统、网络媒体，统筹协调网上、网下工作。主动加强与工信部门、公安部门及互联网接入企业、网络信息服务企业的沟通联系，形成突发事件应对合力。依托高校建立若干个网络人才培养基地、网络舆情研究中心、互联网新技术研发中心，支持各地区搭建大学网络文化学术研究交流平台。加强网络文化复合型人才培养，促进专家队伍和网络文化相关学科建设，推动重大理论实践课题研究，为互联网发展和管理提供智力支持、人才支持和技术支撑。

首先，高校要健全网络舆情研判机制，对监测对象的发送和传播内容进行收集、分析、研究、判别、报送等，把握广大师生的思想动态。网络舆情工作要选取大学生最热门、使用范围最广的软件和网络门户，微信、微博、QQ 等都应该成为网络监管者选取的对象，因其强大的影响力和传播率，是思想政治教育工作者了解大学生思想和行为的最佳监测点。在这些软件或网站中，思想政治教育者需要在使用的高峰期找寻和分析出现频率较高的词汇和语句，挖掘大学生最关心的热门话题和社会新闻，联合开发商和运营商运用一定的网络技术进行检测，第一时间全面掌握大学生的思想动态和情绪变化，对学生之间的主流思想进行分析，帮助预测学生的舆论走向，提前做好应对之策。针对特殊时期和敏感事件，思想政治教育者需要增强网络的舆论跟踪，召开各方专家参与讨论和分析，准确判断形势的发展，及时向师生进行解释和澄清，向相关部门和领导报送，做好相关的后续报道。

其次，高校要建立良好的交流机制。只有良好的沟通，才能够达到相互理解和体谅。很多网络舆论危机的出现就是没有处理好与网友的沟通。大学生对新鲜事物处于好奇的状态，希望能够了解学校的发展和社会的变化。因此，高校官方新闻需要顺应大学生的需求，及时反映学校的动态，为学生提供尽可能多的服务，有利于增强大学生的集体荣誉感和认同感。学校的新闻还要确保准确和真实，否则当学生知道事实真相与宣传报道不相符合时，可能就会丧失对学校和老师的信任。高校与学生之间的积极互动，有利培养大学生对学校的热爱之情，拉近师生之间的距离，避免谣言的产生和传播。因此，交流机制的建立需要拥有一批具有专业素质的队伍，丰富高校网络舆情的引导手段，真诚地与大学生进行双向沟通。发挥微媒介的优势，依托网络平台，及时发布有效信息内容进行答疑解惑，占领高校舆论阵地。加强校园门户网站的建设，不断更新网站内容，提升校务公开力度，保证学校与政府之间、学校与企业之间、学校各部门之间的合作联动，保障沟通的顺畅。调动多方力量积极参与，共同创建和谐的校园网络环境。

最后，高校还需要制定危机事件的处理机制。高校网络环境是复杂多变的，当遇到网络校园危机时，需要快速妥善处理，完善网络舆情预警机制势在必行。大学生是网络的活跃者，他们的焦点大部分都集聚在校园之中。能否及时快速处理校园的突发事件，直接影响到校园网络舆情的发展状况。高校要对突发事件进行详细的分级，并制定相应的处理预案，当负面舆论占领主阵地时，及时进行解释和引导，阻止恶性言论蔓延。思想政治教育者要重视大学生的思想反馈，广开言路，善于倾听，让大学生有情绪宣泄的窗口。不能采取简单粗暴的封锁方式。听取学生的信息反馈对思想政治教育有很大的帮助，在筛选后进行吸收，给予大学生人文关怀，基于学生的视角探索解决的策略，常思常想，有针对性地疏通和引导学生的思想和行为，及时调整工作方案，增强思想政治教育的有效性。

3. 形成社会监管合力

信息技术的迅猛发展和互联网的大众化，网络使用人群激增，无论政府、学校、老师还是运营商都无法实现对每个个体网络行为的实时监控。对网络犯罪行为的监管就需要广大网民朋友的共同支持来实现，发挥集体的智慧和能力，相互监督，共同打造良好的网络环境。首先，发挥教育者的监督管理能力。教育者应积极开通微博和微信，与受教育者交流沟通。经常浏览和关注学生发布、转发、评论的热点信息，就他们感兴趣的学习、生活话题和出现的实际问题给予关心和指导帮助，拉近双方的距离，增加信任感和亲和力，使双方感情得到升华。其次，制定学校的管理制度。高校可以开发和运用网络监管技术、信息筛选软件等净化网络环境，减少网络垃圾信息对大学生的侵害。

微媒介的使用者就像北京市朝阳群众一样，他们虽是朝阳区一个个平凡的芸芸路人，却能够屡屡帮助公安机关破案，在2015年就为公安机关提供情报信息线索21万余条，从中破案483起，①还荣获CCTV 2016年度法治人物候选人，被网友戏称为世界上继中情局、克格勃、摩萨德、军情六处之后第五大情报机构。如果只依靠教育者本身，很难在具有虚拟性和海量化特征的微媒介中占据主动地位。必须依靠网民的群体力量，全方位、多角度实现对网络传媒的监督，积极引导舆论导向，针对虚假信息及时辟谣，避免群体性事件和网络突发事件的产生和扩大。

此外，高校微平台也可以实行实名认证，一方面便于管理和监督，及时掌握受教育者的思想动态；另一方面自动屏蔽不良信息，确保受教育者隐私安全。网民在网络使用过程中一旦发现有问题的信息和网站，要及时保留证据，保存原始数据，及时向运营商或政府和学校相关部门备案，帮助政府、学校、运营商最快速度处理网络问题。运营商对网友的举报要及时、有效地进行处理，维护用户的合法权益，在网民朋友的共同努力下提升维权意识，净化网络环境。

① 《北京"朝阳群众"今年提供线索21万条 涉毒851条》，《中国经济网》，2015-12-20。

总之，思想政治教育必须联合国家、高校、社会、教育者、受教育者几方的不懈努力，才能够净化大学生的网络环境，提高思想政治教育的效果。

第三节　展现思想政治教育的新活力

面对"微时代"思想政治教育的控制范围、主体地位、教育模式、价值认同、辨识能力面临挑战，思想政治教育工作必须顺应形势，规避威胁，改革创新，与时俱进，在新时期展现新的活力。

一、提升思想政治教育话语权

《2015年中国社交应用用户行为研究报告》显示，从微博中获取知识是网民使用最主要的目的之一，高达59.7%。伴随"微时代"的来临，高校思想政治教育应一改传统的讲"大"道理模式，着眼于"微"教育，从"微"处着手，在生活的点点滴滴、细小细微之处以"微"见"大"，发挥微而不微的效果。在课堂教学中，教师也应适时恰当地将微媒介信息的热点新闻、媒体焦点、讨论话题、生活知识引入课堂，在教学过程中找到融合课本知识与课外知识的契合点，提高思想政治教育的效果。

1. 吸收网络流行语

语言是时代的产物，是一种社会现象。网络流行语是互联网迅猛发展的直接体现，反映着社会文化信息，蕴含深刻的民情民意。首先，思想政治教育者需要关注和搜集网络流行语的动态，透过语言符号体察社会心理的变化。其次，思想政治教育者可以适时把网络流行语引进课堂，顺应时代的潮流，尊重大学生的需求，引导受教育者用理性、辩证的思维分析网络流行语背后的事件和心理。最后，教育者需要适应新的表达方式和新的话语习惯，将具有正能量的网络流行语融合在思想政治教育体系中，使思想政治教育话语更具时代性、平民性，引导大学生形成积极乐观、健康向上的价值观。

"微时代"人们主动表达自我意识的欲望增强，网络语言更加贴近民众，思想政治教育者应积极主动学习微话语的内涵，探寻微话语的使用心理。通过转化或创新生动活泼的话语形式，使用幽默风趣、言简意赅的微语言，占据信息传播内容的主动权。重塑思想政治教育的话语权，增强突发危机的处理能力和公关能力，第一时间争取有利的舆论导向。同时，思想政治教育者要把握契机，转化话语方式，将思想政治教育话语与大学生的日常语言接轨，快速熟知并准确掌握微话语。善于提取其中的积极内容，创新思想政治教育话语，实现思想政治教育的"洪荒之力"，把大学生消极对待的思想政治教育话语大众化，渗透到大学生的日常生活中，打下教育双方平等对话的前提基础。

2. 建立平等对话关系

"微时代"背景下，每个人都是信息的创造者和传播者，享有自由的言论，通过互联网终端设备随时随地发布信息，间接削弱教育者在信息传播中的主导地位。信息的单向传播早已转变为网状传播，其内容和范围呈裂变式发展，消解了传统教育的"一元话语权"，话语主体大众化。"微时代"提升思想政治教育实效性的当务之急，是培养一支具有良好媒介素质和熟练信息技术的思想政治工作队伍，建立思想政治教育主客体之间民主、平等、自由、有效的交流和沟通，在尊重、支持、理解、包容的基础上，给予受教育者人文关怀，充分发挥教育双方的主体性，实现良好的教育效果。目前，大学生跟老师之间的沟通在微平台上还不成熟，只有少部分的学生经常和老师互动，大多学生不愿意或者没兴趣与老师交流。因此，思想政治教育者应该充分利用微媒介的优势，改变传统思想政治教育的滞后性和说教性，对过分注重娱乐性、缺乏思想性的信息媒体进行整改和监控，汲取贴近生活的思想元素，主动更新宣传教育方式，开发宣传教育内容，积极开通微博、微信并建立与大学生有效互动的模式，实现课堂教学与网络教育的双向互补。认真收集、筛选、整合、编纂各种图文并茂的教育素材，增强对党和国家大政方针、政策的理解和认同，防止不良思想观念渗入大学生的头脑，避免形式之风盛行，使思想政治教育永葆活力和生机。

3. 开设思想政治教育"第二课堂"

思想政治理论课的第二课堂是整个思想政治理论课教学体系中的有机组成部分，它促进了思想政治理论课的改革，对课堂教学的巩固、补充和提高都具有十分重要的作用。第二课堂主要特点在于使学生的学习从课内延伸到课外，不仅学会了书本上的知识，而且在实践中加深了对知识的理解和运用，提高了学生的综合能力。[①]

---

① 马桂芬：《思想政治理论课开展第二课堂的实践与思考》，《中国成人教育》，2009（07）。

思想政治理论课的设置，上海高校将"思政课程"改为"课程思政"。所谓"课程思政"，就是在专业课程中纳入那些能够引导学生树立正确价值观和世界观的内容。上海大学成功开设"大国方略"，上海一批高校迅速开设"中国系列"的课程内容。上海应用技术大学新设"中国智造"系列课程，上海对外经贸大学开设"文化中国"系列课程，上海交通大学开设"读懂中国"系列课程，复旦大学开设"治国理政"系列课程，同济大学开设"中国道路"系列课程，华东政法大学开设"法治中国"系列课程，等等。这些已经成为上海高校最热门的课程，调动起高校所有教师和课程的共同参与，真正实现了全方位育人的效果。

思想政治教育的话语权不仅限于专门做思想政治教育的教师和工作者，也属于所有教职员工和大学生。2016 年底，著名物理学家张杰给上海交通大学学生上了一节"用公式推导回答中国自信从何处来"的课程，运用近 1 000 个知识点，从"热力学第二定律"到"人类文明发展规律"，用严谨的公式推导得出中国的自信来自哪里，让学生们豁然开朗，对中国有了重新的理解和情感上的升华。这些最新的课程都是从学生关心的现实问题入手来增强马克思主义理论的解释力和思政课堂的吸引力，一大批大师名家参与到思想政治理论课中，润物无声地将正确的价值追求和理想信念传达给学生，将显性教育与隐性教育融会贯通。

二、发挥思想政治教育导向功能

1. 倡导核心价值观

社会主义核心价值观具有十分丰富的价值哲学内涵，是一种融当代价值哲学和生活哲学为一体的人生哲学。在生活哲学层面，社会主义核心价值观的生活化路径，需要做到"两化"，即内化于心、外化于行。当前积极推进社会主义核心价值观的实践中，我们需要注重贯彻"知行合一"的理念，以表彰践行社会主义核心价值观的道德模范为现实路径，以传统中华美德文化为生长根基，用社会主义核心价值观所蕴含的国家之德、社会之德和个人之德来规范自我，引领社会生活，实现民族复兴的中国梦。[1]

---

[1] 程平：《从价值哲学到生活哲学——社会主义核心价值观的哲学意蕴》,《学习与实践》, 2014（11）。

　　"微时代" 使各种社交平台广泛发展,给高校思想政治工作带来新变化、新问题。贵州省由于普遍使用网络和微媒介的比例还不是很高,很多思想政治教育网站和公众平台的创建和更新缓慢,而充满活力的大学生却乐于接受新事物,特别是新媒体的出现,更是受到众多大学生的热烈追随。思想政治教育如若不能紧跟 "微时代" 的步伐,大学生会因此出现价值观扭曲、政治信仰迷茫、社会责任感缺失等结果。因此,新形势下,思想政治教育必须利用微媒介,加强马克思主义理论和社会主义核心价值体系的宣传和教育,通过微媒介开展形势政策教育和国家历史教育;摈弃错误的思想观念对受教育者的影响,正确认识中国社会发展的规律和国家的前途;坚定信仰,巩固马克思主义的指导地位,增强对国家和社会的责任感。

2. 加强文化建设

　　手机移动端的网络娱乐类应用和娱乐类新闻话题应接不暇。《第 39 次中国互联网发展状况统计报告》表明,截止到 2016 年 12 月,我国网络游戏用户规模达到 4.17 亿人次,占整体网民的 57.0%。手机网络游戏用户规模为 3.52 亿人次,占手机网民的 50.6%。过度娱乐化的网络活动给思想政治教育工作带来一定的威胁,不但影响大学生正常的学习和生活,其中暴力、色情的不良信息也会影响他们积极向上价值观的形成。此外,微媒介的新闻推介大都偏向娱乐动态,大学生阅读的兴趣爱好一定程度上受其影响,反而对国家和社会的正能量关注不够。因此,思想政治教育者要乐于发声,善于发声,积极弘扬社会主义核心价值体系,避免娱乐化的信息过度充斥大学生的生活和心理,争夺微媒介的话语权,占领网络的思想宣传阵地。

　　同时,教育者还需鼓励受教育者大胆表达,自觉参与,主动配合,树立与教育者积极沟通的意识,发挥微媒介微而不微的作用,使思想政治教育内化于心、外化于行。传统思想政治教育的方法已不能适应 "微时代" 传播方式的要求,自上而下的单向灌输模式逐渐被双向的交往方式所取代。信息技术高速发展的 "微时代",资源共享、信息互通、文化多元、形式多样,对正在塑造世界观、人生观、价值观的大学生来说极具吸引力,形成新的思维方式、舆论惯性,这不断影响着传统思想政治教育的功效。信息的海量化给大学生无限选择的可能性,传播媒体本身的娱乐化和草根化很容易忽视信息的教育性和思想性,给很多非主流文化甚至是反主流文化滋生的空间。思想政治教育者必须顺应 "微时代" 的潮流,创建积极向上的文化环境,掌控微文化的领导话语权，唱响网络的主旋律，以生动活泼的形式宣传中国特色社会主义理论，形成良好的思想文化氛围。

三、创新思想政治教育方法

《2015年中国社交应用用户行为研究报告》表明：47.5%的微博用户会每天使用微博，53.3%的用户每天使用微信无数次，每天使用10次以上的占87%。在课堂教学中，传统的说教已经不能完全满足大学生对信息和知识的渴望和需求，思想政治教育工作者可以借鉴微博、微信的形式和内容，以大学生自由灵活、喜闻乐见的方式，精心制作集声音、图像、文字于一体的微课和微视频，实现课堂和网络的互补，推动"互联网+教育行动"的进程，提升在线教育类应用的渗透率。在日常生活中，思想政治教育工作者通过终端设备快速搜集、掌握、反馈大学生的思想动态，利用微媒介与大学生及时互动沟通，真正走进大学生的内心，巩固思想政治教育的效果。

1. 情感渗透法

所谓情感渗透法教学，就是在教学过程中教师主动和有设计地运用自己的情感变化和相关素材及问题引起学生对具体理论观点的情感共鸣，进而激发学生的情感认同，实现教学目标的一种教学方法。从最根本的含义上说，就是指教师在教学过程中，在充分考虑认知因素的同时，发挥情感因素的积极作用，以完善教学目标，增强教学效果的教学活动。在这样的教学活动中，认知因素和情感因素才能得到和谐的统一，使教育达到入脑入心的效果。在大学生思想政课理论课中运用情感渗透法是增强教学针对性和实效性的有效途径，具有特殊的价值和意义。[①]当代大学生拥有展示个性、喜欢创新的特点，而"微时代"的发展正好迎合大学生的发展需求，每个人都可以成为自媒体，信息传播具有即时性的特征，信息的发布和接受更加自由，畅所欲言，教育者对信息的控制难度不断增大，一些腐朽、错误的思想顺势侵入，对思想政治教育带来巨大挑战。孔子曰："诱之以利，动之以情，晓之以理，胁之以威，授之以渔，绳之以法，导之以行，勉之以恒，持之以恒，学之以恒，行之以德，道之以德，齐之以礼，有耻且格。"因此，教育者要加强马克思主义理论

---

① 张国锋：《论情感渗透法在大学生思想政治理论课教学中的运用》，《理论观察》，2014（02）。

教育，增加与受教育者情感上的交流和思想上的互动，通过情感传达理念，注重"以人为本"，情中有理，理中带情，用深情暖意赢取信任，树立正确的思想观念，与时代发展结合，实现思想政治教育的最终目标。

2. 隐性教育法

隐性教育法是与显性教育法相对而言的实施方法，是在思想政治教育实施过程中，采用"非正规"的形式（"非正规"的形式是相对显性教育法符合一般公认标准的"正规形式"而言，它不是人们已经司空见惯的思想政治教育的形式，而是充分利用人们的社会生活、日常生活本身存在的形式），让教育对象自觉自愿地在潜移默化中接受教育的方法。隐性教育法与显性教育法相比，形式更生动，途径更多样，它将教育内容和要求渗透到教育对象的社会生活和日常生活的广阔空间，能够有效避免逆反心理，激发参与意识，从而提高思想政治教育的覆盖面和影响力。①

大学生是民族的希望，是社会的未来，"微时代"打破传统思想政治教育的信息垄断局面，各式各样的信息开拓了受教育者的视野，扩大自己的社交圈，他们只需通过敲击键盘、移动手指就可以尽收天下奇闻轶事，网罗世界时事热点，给大学生提供复杂又便捷的人际交往环境。思想政治教育工作者要善于利用微媒介，摆脱只依靠课堂、书本进行思想政治教育的单一模式，制造拟定好的场景和舆论氛围，引导受教育者身临其境去感受，以大学生喜闻乐见的形式，在不知不觉中得到熏陶和感染，将思想政治教育内化于心，外化于行，使其不断进行自我成长、自我完善。

四、更新思想政治教育载体

随着微媒介在高校的普及，贴吧文化、二次元网络文化等对大学生的渗透加大。《2015 年中国青少年上网行为研究报告》表明，截止到 2015 年 12 月，二次元文化传播载体的网络小说、视频、游戏的青少年用户规模分别达到 1.3 亿、2.2 亿和 1.9 亿人次。这种二次元文化给大学生带来不良的干扰，容易产生偏激思想、虚拟偶像崇拜、存在感缺失甚至对现实世界丧失兴趣等问题。思想政治教育者适时对大学生进行疏导，发布和创设大学生关心的信

---

① 向敏青:《探微思想政治教育之隐性教育法确立的客观依据》,《理论探讨》, 2004（01）。

息和话题，监管微媒介的内容传播，尽量确保内容的健康向上，调动他们的积极性，激发共同建设微媒介的热情，培养网络的自我管理、自我教育的能力，使高校思想政治教育进入崭新的阶段，取得良好的效果。

1. 教学载体

高校思政课教学载体，是指在高校思政课教学过程中承载并传递教学信息，能为教学主体所操作并与教学客体发生联系的一种物质存在方式或活动方式。其中，思政课教学主体，主要是指从事思政课教学的专任教师和兼职老师。思政课客体主要是指高校的大学生。由于理论界对高校思政课教学载体研究的视角不同，对思政课教学载体也有不同的划分方式和标准。笔者认为，高校思政课教学载体应划分为课堂教学载体和课外教学载体两个基本形态。课堂教学载体主要包括：教室及教学设备、教材、教案、课堂教学活动等；课外教学载体主要包括：校园文化场所和活动、社会实践场所和活动等。高校思政课教师正是借助课堂教学载体和课外教学载体向广大青年学生教授马克思主义理论，帮助大学生树立正确世界观、人生观、价值观。[①]德国教育家赫尔巴特曾说过："教学如果没有进行道德教育，只是一种没有目的的手段；道德教育（或者品格教育）如果没有教学，就是一种失去了手段的目的。"因此，课堂教学还应该是大学生思想政治教育的主要阵地。

"微时代"高校思想政治教育者应该与时俱进，树立微意识，更新教学理念。通过对微媒介的培训和学习，摆脱固定教材的局限，提高获取信息的渠道，拥有较高的媒介素养。要丰富课堂教学的内容和形式，在教学过程中教师除了讲授基本的教学知识体系之外，还应通过媒体的热点新闻、话题讨论及时掌握受教育者的思想动态。教育者还需在教学过程里充分吸收微媒介的优势，创新具有感染力和号召力的教学方法，符合受教育者的实际需求，积极推进最新的网络教学方式，使思想政治教育更加灵活、有效。

2. 传播载体

移动网络的发展技术为思想政治教育载体开辟了新渠道，大学生追求个性、倡导自由、尝新猎奇的特点成为掌握新型传播方式最敏感的体验者和拥

---

① 韦廷柒，赵金和：《高校思想政治理论课教学载体建设探析》，《思想理论教育导刊》，2010（04）。

护者。而移动终端就成为思想政治教育者掌握大学生思想和生活状况的中介桥梁，承载包括教学任务、学习资料、健康教育、道德教育、价值观教育、社会主义核心价值体系在内的思想政治教育内容。它有着便捷智能、运用广泛的应用软件，容易被教育者和受教育者双方接受和掌握。此外，"微时代"大学生获取信息，搜集资料、共享资源的方式更便捷、快速，给思想政治教育者提供了更有利的教育形式和条件。打破传统思想政治教育的"灌输"和"一言堂"，提高受教育者的参与性和积极性，丰富思想政治教育的内容和形式，融文字、声音、图像于一体的功能齐全的思想政治教育载体是时代的要求和必然趋势。

思想政治教育在网络发展的过程中，通过开设网页、报纸杂志、校园橱窗、学校广播等传播形式来宣传，但这些方式方法在微时代背景下还远远无法满足大学生获取知识和信息的需求，最主要的途径还是网络。教育者要利用微媒介来增加思想政治教育的知识性和趣味性，寓教于乐，丰富思想政治教育的载体。随着 4G 技术的发展，智能手机的普遍使用和低成本的支出，受教育者使用移动设备获取信息成为普遍现象，这就要求教育者积极建设思想政治教育手机载体，通过手机与之沟通，既打破课堂教学的局限，又可提高思想政治教育的效果。

3. 活动载体

高校思想政治教育不仅要注重教学载体，还要重视活动载体。它更符合大学生的特性，丰富课余生活，增加活动空间，培养集体主义精神，提高综合素质和全面发展。社团是高校活动的主要形式，拥有共同兴趣爱好的大学生组织在一起。思想政治教育者要正确引导社团的发展方向，适时进行指导和监督，鼓励开展学习型、创新型的社团活动，强化实践环节，引导其往积极向上的方向发展。教育者还要加强社会实践活动的开展，精心策划和组织，增加大学生的社会责任感和团队意识。

此外，高校思想政治教育者要积极宣传和开展微公益，在微小的活动中汇集巨大的能量。大学生通过微媒介参与活动的人数远远不够，还有很多宣传组织工作没有做到位。我们必须扩大"微"活动的范围，除了丰富校园文化、寝室文化之外，还要增加网络文化的熏陶。适时开展新闻热点、社会焦点、校园案例、生活困惑等与大学生息息相关的话题讨论，在手指之间潜移默化提高大学生的思想境界。正确引导大学生的价值取向，让更多的大学生参与网络活动，参与学校和社会的公共事务。此外，思想政治教育者要增加活动的方式，可开设校、企合作基地和实践基地，增加大学生参与社会实践的机会，培养大学生的集体意识和团队意识，增强他们的社会责任感。

参考文献

[1] 马克思恩格斯选集：第 1-4 卷[M]．北京：人民出版社，1995．

[2] 毛泽东选集：第 1-4 卷[M]．北京：人民出版社，1991．

[3] 邓小平文选：第 1-2 卷[M]．北京：人民出版社，1994．

[4] 江泽民文选：第 1-3 卷[M]．北京：人民出版社，2006．

[5] 胡锦涛文选：第 1-3 卷[M]．北京：人民出版社，2016．

[6] 张耀灿，郑永廷，等．现代思想政治教育学[M]．北京：人民出版社，2006．

[7] 陈秉公．21 世纪思想政治教育工作创新理论体系[M]．长春：吉林教育出版社，2000．

[8] 张耀灿，陈万柏．思想政治教育学原理[M]．北京：高等教育出版社，2001．

[9] 郑永廷．思想政治教育方法论[M]．北京：高等教育出版社，2004．

[10] 袁贵仁．教育-哲学片论[M]．北京：北京师范大学出版社，2002．

[11] 沈壮海．思想政治有效性研究[M]．武汉：武汉大学出版社，2001．

[12] 项久雨．思想政治教育价值论[M]．北京：中国社会科学出版社，2003．

[13] 骆郁廷．精神动力论[M]．武汉：武汉大学出版社，2003．

[14] 檀传宝．信仰教育与道德教育[M]．北京：教育科学出版社，1999．

[15] 孙占国．当代中国大众文化研究[M]．长春：吉林人民出版社，2005．

[16] 邵培仁．传播学[M]．北京：高等教育出版社，2000．

[17] 蔡克勇．21 世纪中国教育向何处去[M]．长春：吉林人民出版社，2001．

[18] 傅静．科技伦理学[M]．成都：西南财经大学出版社，2002．

[19] 游五洋，陶青．信息化与未来中国[M]．北京：中国社会科学出版社，2003．

[20] 程予诚．新媒体科技论[M]．苏州：苏州大学出版社，2005．

[11] 刘德华．马克思主义思想政治教育著作导读[M]．北京：高等教育出版社，2001．

[22] 王建华．现代思想政治教育研究[M]．哈尔滨：黑龙江人民出版社，2008．

[23] [德]哈贝马斯．交往行为理论（第 1 卷）[M]．曹卫东，译．重庆：重庆出版社，1994．

[24] [加]马歇尔·麦克卢汉. 理解媒介——论人的延伸[M]. 何道宽，译. 上海：商务印书馆，2000.

[25] 段永朝. 互联网：碎片化生活[M]. 北京：中信出版社，2009.

[26] 王敏. 思想政治教育接受论[M]. 武汉：湖北人民出版社，2002.

[27] 王东莉. 德育人文关怀论[M]. 北京：中国社会科学出版社，2005.

[28] 王虹，刘智. 新媒体时代高校思想政治教育创新研究[M]. 北京：中国社会科学出版社，2012.

[29] 王爽. 新媒体时代大学生思想政治教育的挑战与创新[M]. 北京：中国言实出版社，2014.

[30] 谭秋培. "微时代"高校学生工作的行与思[M]. 北京：光明日报出版社，2016.

[31] 陈志勇. 新媒体时代的大学生思想政治教育[M]. 北京：中国文史出版社，2014.

[32] 高媛，王晓玲. 微变革微创新——微博与大学生思想政治教育[M]. 哈尔滨：哈尔滨工程大学出版社，2014.

[33] 季海菊. 新媒体时代高校思想政治教育的解构与重塑[M]. 南京：东南大学出版社，2014.

[34] 迟桂荣. 新媒体视野下当代大学生思想政治教育研究[M]. 北京：中国社会科学出版社，2014.

[35] 屈晓婷. 新媒体时空解码——大学生思想政治教育研究[M]. 北京：北京交通大学出版社，2015.

[36] 海天电商金融研究中心. 一本书读懂互联网+[M]. 北京：清华大学出版社，2016.

[37] 夏晓虹. 高校网络思想政治教育[M]. 济南：泰山出版社，2015.

[38] 唐亚阳，等. 网络思想政治教育学[M]. 北京：人民出版社，2016.

[39] 上海市教育卫生系统思想政治工作研究会. 培育社会主义核心价值观繁荣高校网络文化[M]. 上海：东华大学出版社，2015.

[40] 张瑜. 高校网络思想政治教育发展与创新研究[M]. 北京：人民出版社，2014.

[41] 沈壮海，王培刚，段立国. 中国大学生思想政治教育发展报告[M]. 北京：北京师范大学出版社，2015.

[42] 李林英，郭丽萍. 新媒体环境下高校思想政治教育教学研究[M]. 北京：

人民出版社，2015.

[43] 段佳丽，罗怀青. 新媒体时代大学生思想政治教育研究[M]. 北京：光明日报出版社，2016.

[44] 龙妮娜，黄日干. 新媒体与大学生思想政治教育研究[M]. 北京：光明日报出版社，2016.

[45] 赵汉杰. 当代大学生思想政治教育的创新研究及新媒体路径的实践探索[M]. 北京：中国书籍出版社，2017.

[46] 刘想树. 新媒体时代的大学生思想政治教育[M]. 北京：中国文史出版社，2015.

[47] 教育部思想政治工作司. 加强和改进大学生思想政治教育重要文献选编：1978—2014[M]. 北京：知识产权出版社，2015.

[48] 徐洪军，崔岩，阚莹莹. 高校思想政治教育前沿问题研究[M]. 哈尔滨：黑龙江大学出版社，2014.

[49] 邢晓红. 构建与超越：思想政治教育现代性研究[M]. 北京：中国社会科学出版社，2014.

[50] 罗洪铁，周琪. 思想政治教育学理论的形成和发展研究[M]. 北京：中国文史出版社，2014.

[51] 孙其昂. 思想政治教育学前沿研究[M]. 北京：人民出版社，2013.

[52] 吴满意. 网络人际互动——网络思想政治教育的基本视域[D]. 成都：电子科技大学，2011.

[53] 周涛. 网络舆论环境下的高校思想政治教育[D]. 成都：西南财经大学，2011.

[54] 黄永宜. 网络思想政治教育理论研究[D]. 重庆：西南大学，2011.

[55] 胡恒钊. 高校网络思想政治教育实施方法研究[D]. 徐州：中国矿业大学，2012.

[56] 王嘉. 思想政治教育视域下的网络意见领袖研究[D]. 大连：大连理工大学，2013.

[57] 邱仁富. 思想政治教育话语理论探要[D]. 上海：上海大学，2009.

[58] 胡玮. "微时代"高校思想政治教育话语权研究[D]. 南宁：广西大学，2014.

[59] 彭阳慈航. 大学生网络安全教育研究——基于思想政治教育的视角[D]. 武汉：武汉纺织大学，2013.

[60] 祝志金. 大学生网络意见领袖的现状与引导对策研究[D]. 重庆：重庆邮电大学，2016.

[61] 张丹丹. 大学生网络意见领袖及其思想政治教育作用研究[D]. 长安：长安大学，2016.

[62] 刘津池. 当代媒介素养教育研究[D]. 长春：东北师范大学，2012.

[63] 刘薇. 高校校园文化建设与思想政治教育互动研究[D]. 沈阳：辽宁大学，2012.

[64] 张宏伟. 思想政治教育文化环境研究[D]. 沈阳：辽宁大学，2015.

[65] 国青松. 微博文化的冲击与高校思想政治教育的对策[D]. 上海：华东师范大学，2011.

[66] 田和军. 微博对高校网络思想政治教育的影响及其对策[D]. 西安：西北大学，2011.

[67] 贾何伟. 微博在高校思想政治教育中的应用研究[D]. 桂林：广西师范大学，2012.

[68] 周萍. 微博对大学生思想政治教育的影响及对策研究[D]. 长沙：湖南师范大学，2012.

[69] 张蕾. 探究微博时代下大学生思想政治教育工作[D]. 太原：山西财经大学，2012.

[70] 孙研. 微博对高校思想政治教育的影响与对策研究[D]. 太原：太原理工大学，2012.

[71] 高国华. 微博在高校思想政治教育中的创新应用研究[D]. 杭州：杭州师范大学，2013.

[72] 孙欢. 微博视阈下当代大学生思想政治教育研究[D]. 开封：河南大学，2013.

[73] 王华. 微博在高校思想政治教育中的应用研究[D]. 北京：中国地质大学，2013.

[74] 徐小庆. 微博在大学生思想政治教育中的功能探析[D]. 北京：首都师范大学，2013.

[75] 林蕾. 高校思想政治教育微博应用研究[D]. 福州：福建农林大学，2014.

[76] 罗明惠. 高校官方微博的思想政治教育功能研究[D]. 南宁：广西大学，2014.

[77] 刘文文. 微博对大学生思想政治教育的影响及其对策研究[D]. 武汉：湖

北大学，2014.

[78] 胡文静. 微博对大学生思想政治教育的影响及对策[D]. 太原：山西财经大学，2014.

[79] 天翰墨. 微博时代的大学生思想政治教育研究[D]. 长春：长春工业大学，2014.

[80] 白蕾. 高校微博思想政治教育话语权提升研究[D]. 武汉：华中师范大学，2015.

[81] 陈萌. "微时代"背景下的社会流行用语研究[D]. 上海：上海外国语大学，2013.

[82] 张悦. 话语视域下的网络流行语发展——以 2004-2014 年度十大网络流行语为观照[D]. 开封：河南大学，2015.

[83] 王莉莉. 论微博时代的平民偶像——一种网络亚文化研究[D]. 苏州：苏州大学，2010.

[84] 王秀芹. 网络流行语对大学生价值观教育影响研究[D]. 南京：南京师范大学，2015.

[85] 张志斌. 网络流行语对高校思想政治教育理论课教学的影响及启示[D]. 秦皇岛：燕山大学，2014.

[86] 于鹏亮. 中国网络流行语二十年流变史研究[D]. 上海：上海交通大学，2014.

[87] 赵昕. 微信对大学生思想政治教育的影响及对策研究[D]. 武汉：武汉工程大学，2013.

[88] 李爽. 运用微信开展大学生思想政治教育研究[D]. 洛阳：河南科技大学，2014.

[89] 田仲金. 微信对大学生思想政治教育的挑战及对策研究[D]. 长春：吉林大学，2014.

[90] 钱冲. 运用微信开展大学生思想政治教育研究[D]. 郑州：河南工业大学，2015.

[91] 李烽. 微信朋友圈对大学生思想政治教育的影响及对策研究[D]. 武汉：华中师范大学，2015.

[92] 全永丽. 以微信为载体加强大学生思想政治教育研究[D]. 长春：吉林大学，2015.

[93] 李雯静. 微信对大学生思想政治教育的影响及对策研究[D]. 牡丹江：牡

丹江师范学院，2015.

[94] 张馨文. 基于微信平台的大学生思想政治教育研究[D]. 衡阳：南华大学，2015.

[95] 杜艳梅. 微信对高校思想政治教育的影响及对策研究[D]. 太原：山西财经大学，2015.

[96] 王森. 微信对高校思想政治教育的影响及对策[D]. 太原：太原理工大学，2015.

[97] 李海清. 论微信对大学生思想政治教育的影响研究[D]. 太原：中北大学，2016.

[98] 刘秉亚. 论思想政治教育交往[D]. 开封：河南大学，2010.

[99] 刘秉亚. "土豪"流行产生的动因研究[J]. 兴义民族师范学院学报，2016（10）.

[100] 刘秉亚. "微时代"高校思想政治教育的创新路径[J]. 中小企业管理与科技：上旬刊，2016（10）.

[101] 刘秉亚. "微时代"大学生思想政治教育的现状及路径[J]. 兴义民族师范学院学报，2016（08）.

[102] 刘秉亚. "土豪"流行的社会心理研究[J]. 中小企业管理与科技：中旬刊，2016（05）.

[103] 刘秉亚. 浅析思想政治教育视阈中的自我教育[J]. 文教资料，2015（32）.

后记

近几年来，由于互联网的快速发展和普及，高校思想政治教育的巨大变化深刻地影响着每一位大学生，从 2011 年微博的流行到 2014 年微信的风靡，微媒介充斥着大学生的生活和学习。"低头族"行走于大街小巷，队伍不断壮大，他们对周围视而不见、充耳不闻，玩手机造成严重后果的新闻屡见不鲜，让人感触颇深，于是我开始围绕"微时代"这个问题进行研究。期间申请到贵州省教育厅人文社会科学的项目，增强了我的信心，下定决心撰写本书。

历经一年时间的认真阅读和思考，形成了本书的逻辑体系。但写作过程是一个痛苦的过程，必须不断深化认识，不断升华思想，期间几易其稿，终于尘埃落定。压抑许久的疲倦朝我涌来。回想写作过程的艰辛，每次遇到退缩时咬紧牙关，也磨练了我的意志，可以说是"痛并快乐着"。虽然自己深知，慧根不深，悟性不够，自己的思考和研究还很浅薄，但对于我来说也算自己精神探索之旅的一个里程碑，锻炼了思考和写作的能力，为以后的学术研究积聚力量。人生是一本厚重的书，我将用一生的努力来阅读，"虽不能至，然心向往之，愿学焉"。

本书的出版不能说明本人对"微时代"思想政治教育问题有了比较成熟的认识，只是源于现实问题的思考。因能力有限，本人在编写过程中参考了许多专家、学者有关思想政治教育的教材、著作、论文，吸收、借鉴和引用了他们的学术成果，还引用了国家发布的一系列文件和指导意见，以及中国互联网络信息中心、新浪微博、中国高校传媒联盟等调查中心和企业发布的一系列数据。本书在引文和参考文献中尽可能详尽地逐一列出，在此向各位学界前辈和同行谨致诚挚的谢意。

本书的第一章第三节的部分内容还涉及硕士论文的小部分内容，感谢我的导师王德军教授，以及马进举教授、刘明华教授、仰和芝教授、赵清文教授对我的谆谆教诲，让我不断地突破自己，在学术的道路上奋勇前行。

本书部分文稿曾经在《兴义民族师范学院学报》《中小企业管理与科技》《文教资料》《学理论》等学术期刊上发表过，感谢这些学术期刊的编辑老师，是他们的鼓励给了我更多的信心和力量。

感谢我的父母对我的养育之恩，在成长的过程中他们给了我教育、激励、支持和无微不至的照顾，还耐心、细致地帮我照顾孩子。感谢我的爱人长期以来默默支持我的学习和研究，在人生最困难的时候给我鼓励，并一直陪伴着我，不离不弃。我近两岁的可爱儿子正在牙牙学语，每当我在写作疲惫的时候听到他充满童真的笑声，一切劳累都烟消云散。这本书的出版也算送给他的礼物，能够记录这两年的点点滴滴。没有家人的支持和付出，我很难能够完成本书的撰写，再次感谢你们！

本书的出版还得到兴义民族师范学院政治与历史学院邱靖院长和西南交通大学出版社祁素玲、梁红编辑的鼎力支持，在此深表谢意！

本书是对"微时代"高校思想政治教育新问题挂一漏万的一种尝试性研究和探索，加之时间仓促和学养不足，在论述过程中错误和疏漏之处在所难免，诚恳地希望各位专家批评指正。

刘东亚
2017 年 4 月于贵州兴义